宅建

**民法改正対応
2023年版**

「ひっかけ問題」完全攻略

ラクラク受かった人の
勉強法＋問題集

廣済堂出版

はじめに

「宅建テルキナ」として平井照彦先生とチームで活動を始めてから、「合格しました」と報告をいただくことが増えました。そのたびにとても嬉しく、日々やりがいを感じています。こうして活動を続けてこられたのも、メンバーのみなさんや、チャンネル登録者の方々の支えがあったからこそです。

　生徒のみなさんや関係者の方々、周りにいてくれる大切な人たち、そして大切な家族に、感謝の気持ちでいっぱいです。

　本書を手に取ってくださった方の中には、かつての私のように、なかなか点数が伸びず、不安な方も多くいらっしゃると思います。ただ、そんなときこそ、今まで努力してきた自分を信じてください。

　勉強を始めたときに比べたら、解けるようになった問題のほうがずっと多いはずです。あなたが今感じている不安は、ここまで努力をしてきた証です。あとは、問題文のキーワードを見抜く力、そして、知識の正確性を高めていくことで合格に結びつきます。

　本書では、宅建試験の特徴でもある「ひっかけ問題」に

焦点を当て、得点力を高めるための考え方をご紹介していきます。理解はできているのに、ひっかけ問題にひっかかって失点してしまうのは、とてももったいないことです。そんな事態にならないために、意識するべきポイントや勉強法などを、この一冊にまとめました。

　試験までの間に、思うように結果が出ず苦しい時、時には何かを犠牲にしなければならない時もあるかと思います。
　ですが、この努力は絶対に皆さんの人生にプラスになります。

　自分のより良い未来への為、合格に向けて頑張っていきましょう。
　本書を手に取ってくださったあなたの「合格」を願っています。

2023 年 5 月

宇都木雪那　(kina)

本書の特色

宅建試験用問題集は、次の2種類に大きく分けられます。

① 年度別の問題集

「令和元年の問題」「平成30年の問題」というように、年ごとに問題をまとめたもの。

② 分野別の問題集

「宅建業法」「権利関係」というように、分野ごとに問題を整理して掲載されているもの。

しかし、**本書はこのどちらにも当てはまらない、ひっかけパターン別の問題集**です。出題傾向に基づき、オリジナル問題を中心に意地の悪いひっかけ問題を多数収録しています。

過去問などに触れた方はすでにおわかりでしょうが、**宅建試験とは受からせるものではなく、落とすことを目的とした試験**と言っても過言ではありません。「なんとなくわかった気でいる」受験者をふるい落とすため、随所にひっかけトラップが仕掛けられています。

マラソンコースのいたるところに、バナナの皮が落ちているとイメージしてみてください。ひっかからないためにはその意地悪さに慣れ、「お、この曲がり角がくさいぞ」と予見できるくらい——つまりは問題を見ただけで察せられるくらい、自分が曲者になっておく必要があります。

本書の問題を繰り返し解き、ぜひ曲者になってから、試験日を迎えていただきたいと思います。

本書の問題を解くときのポイント

最初にネタばらしをしてしまいます。

本書は前述の通り、「ひっかけ問題に負けない自分になること」を目的としています。その性質上、問題の多くは誤りの選択肢で構成されています。

そこで、**問題演習をする際には、「○×が合っていればいい」という解き方は絶対にしないでください**。

×の選択肢であれば、「どこが×なのか」「どんなふうに文章を修正すれば○になるのか」を常に考えてください。

宅建試験は、繰り返し同じ論点が出題される傾向にあります。その際、まったく同じ文章ではなく、微妙に表現を変えて出題されるのです。

答えの○×だけ覚えている方は、「バナナの皮はよけられても、石ころにはつまずきがち」です。少しでも表現を変えられてしまったら得点できないのです。

「なんとなく」の解き方では、「それなりの得点」しか得られ——これを合言葉に、自分で解説ができるレベルにまで理解度を高めていきましょう。

Contents

1章 まずは覚えておきたい！ 宅建試験攻略のツボ

2章 最短・最速で受かる！ 実際に受かった人のズル賢い勉強術

3章 あと5点を攻略する！ 5W1H別・ひっかけ問題集

4章 ひっかけ問題の要注意ポイント

① ひっかけ問題でよく見かける、「ひっかけあるある」ポイント

② 一度は見ておきたい「試験に出る要書類」

③ 理解していない人がよくいる!本当に間違いやすい用語集

1章

章

まずは覚えておきたい!

宅建試験攻略のツボ

宅建試験は相対評価

　宅建試験に効率よく合格するために、まずは宅建の試験制度を分析していきましょう。

　資格試験には、**絶対評価**の試験と相対評価の試験があります。絶対評価の試験は、**あらかじめ合格点が決まっており、その点数以上なら合格できる**というものです。簿記の試験やFP試験、行政書士試験が絶対評価の試験です。

　一方、**相対評価**の試験は、**あらかじめ合格率が決まっていて**、その上位数パーセントの受験生が合格する試験制度です。**宅建試験は、この相対評価の試験に分類されます。**

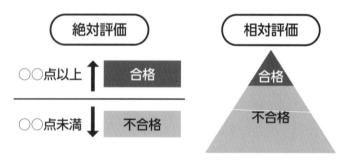

　この２つは、合格のための戦略が大きく変わってきます。

　絶対評価の場合、**合格率が大きく変動する**傾向にあります。合格点が決まっていることから、それ以上の得点をとった方は絶対に合格できるためです。

　一方、**相対評価**の試験では、**合格点が変動**します。点数

にかかわらず、上位の受験生が合格する仕組みだからです。

宅建試験をはじめとした相対評価の試験では、**他の受験生がどれくらい得点してくるか**を意識する必要があります。**大事なのは、上位に入ること**です。宅建試験では、上位 15％前後に入ること、これが最終目標となります。

次の表を見てください。

年度	合格率	合格点
令和 3 年度（10 月）	17.9%	34 点
令和 4 年度	17.0%	36 点

直近 2 年分の試験結果です。合格点を見ると、令和 3 年度が 34 点、令和 4 年度は 36 点となっています。もっとも、合格率はほぼ同じ数値になっていることがわかります。これこそが、相対評価である宅建試験の特徴です。

宅建試験では、**難しい問題が多ければ、全体的に得点率が低く**なります。その結果、**合格ラインが下がります**。逆に、**とりやすい問題が多ければ、合格ラインが上昇します**。このように、相対評価である宅建試験において、合格点は、結果的にその点数となっているに過ぎません。上位 15％前後がどのくらいの得点になっているか、それによって合格点が決まるためです。

他の資格試験を受験した経験がある方も、今一度、試験制度の違いを意識して合格戦略を練っていきましょう。

上位に入るために

　重要なのは点数ではなく、上位に入ることです。では、上位に入るためにはどうすればいいのでしょうか。

　まずは、**正答率が高い問題を確実に取ること**、これが大前提となります。

　たとえば、正答率 80% の問題と正答率 30% があるとします。この 2 つのうち、**確実に得点しなければならないのは、正答率 80% の問題**です。実は、正答率 30% の問題は、失点したとしても合否には影響しません。これは、**仮に失点したらどうなるかを考える**と、理由が見えてきます。

　正答率 80% の問題を失点してしまうと、80% もの受験生に 1 点分の後れをとってしまいます。上位 15% 前後に入らないといけない宅建試験において、これは致命的なミスとなります。

正答率80％の問題を失点したら……

80％の受験生に後れをとってしまう

失点

　では、正答率 30% の問題はどうでしょうか。もし、正答率 30% の問題を失点したとしても、横にはまだ 70% の受験生

が並んでいます。これなら、十分に挽回が可能です。

正答率30%の問題を失点しても……

失点 横には70%の受験生が並んでいる

　このように考えると、正答率の高い問題を失点するのがいかに恐ろしいことかわかります。様々な講師が「とにかく基本が大事」と口にします。その言葉の本当の意味は、**「もし失点したら取り返しのつかないことになるから」**です。

　また、受験生のデータを分析すると、**正答率50%以上**の問題をすべて得点していけば、**十分合格点に達する**ことがわかっています。正答率が低く難しい問題で得点すると、嬉しくなるお気持ちはわかります。しかし、合格戦略としては、正答率が高い問題をもれなく得点することこそが大事なのです。

> **難しい問題は失点しても合否に影響しない。**
> **大事なことは、正答率が高い問題をすべて得点すること**

　この考えをしっかり意識していきましょう。
　次の項目では、正答率が高い問題をとるために意識すべきことについて解説していきます。

正答率が高い問題とは

　前項で、正答率の高い問題は、確実に得点しないといけないことがわかったと思います。ここでは、この考え方を一歩進めていきましょう。

　そもそも、正答率が高い問題とは、どのようなものでしょうか。それは、**過去の本試験で出題されているか否か**です。いわゆる過去問で出題されているかということですね。

　宅建試験では、繰り返し出題されている項目が多く存在します。実際に、令和3、4年の試験で出題された問題をご紹介します。

令和4年問20選択肢1

　土地区画整理組合の設立の認可の公告があった日以後、換地処分の公告がある日までは、施行地区内において、土地区画整理事業の施行の障害となるおそれがある建築物の新築を行おうとする者は、土地区画整理組合の許可を受けなければならない。

答え：×

　土地区画整理事業が行われているエリアでは、勝手に建築物を建てることはできません。建築物を新築するためには、「知事」の許可が必要です。

　この論点は、過去繰り返し出題されています。

令和3年（10月試験）問20選択肢3

　土地区画整理組合の設立の認可の公告があった日後、換地処分の公告がある日までは、施行地区内において、土地区画整理事業の施行の障害となるおそれがある土地の形質の変更を行おうとする者は、当該土地区画整理組合の許可を受けなければならない。

答え：×

　このように、過去問で問われた内容は、確実に得点しなければなりません。なぜなら、多くの受験生が見たことがある問題だからです。そのような問題は必然的に正答率が高くなるため、失点は許されません。

　なお、登録の移転が任意であるという問題は、平成21年にも出題されています。このことからも、正確に押さえる必要があります。

　では、過去問で問われたことが無い問題はどうでしょうか。たとえば、令和4年の試験において、次のような問題が出題されました。

令和4年問7

　不在者Aが、家庭裁判所から失踪宣告を受けた。Aを単独相続したBは相続財産である甲土地をCに売却（以下この問において「本件売買契約」という。）して登記も移転したが、その後、生存していたAの請求によって当該失踪宣告が取り消された。本件売買契約当時に、Aの生存について、（ア）Bが善意でCが善意、

（イ）Bが悪意でCが善意、（ウ）Bが善意でCが悪意、
（エ）Bが悪意でCが悪意、の4つの場合があり得るが、
これらのうち、民法の規定及び判例によれば、Cが本
件売買契約に基づき取得した甲土地の所有権をAに対
抗できる場合を全て掲げたものとして正しいものはど
れか。

1 （ア）、（イ）、（ウ）
2 （ア）、（イ）
3 （ア）、（ウ）
4 （ア）

答え：4

これは、民法の問題です。

「失踪宣告」に関する問題でしたが、宅建試験では初めて
出題されました。テキストにも書かれていない内容であるた
め、**ほとんどの受験生は言葉すら知らなかった**ことでしょう。

　もっとも、**合格戦略としてはそれでいい**のです。一度も試
験に出ていない項目であれば、解けないのは当然です。実
際、この問題の正答率はかなり低い結果となりました。つま
り、失点しても合否に影響はないといえるのです。

合格のカギを握る「リスク管理」

　限られた時間の中で効率よく学習するためには、**適切なリスク管理**が必要です。受験生のなかには、**「試験に出たらどうしよう」**という気持ちから、**範囲を広げすぎてしまう**方がいらっしゃいます。不安な気持ちはよくわかります。ただ、試験に出たことがない項目に時間をかけるのは非効率です。

　前述したように、これまで出題されたことがない項目や、15年に一度しか出題されないような項目は、正答率が低くなります。**そもそも試験に出ない可能性のほうが高い**ですし、**仮に出題されても正答率が低くなるため、合格ラインそのものが下がります**。結果として、得点できなくても合格できる問題といえます。

　重要なことは、「出たらどうしよう」ではありません。**基本的な項目で「失点したらどうしよう」**、このように考えて対策を立てるべきなのです。

　もちろん、今まで出たことがない論点が出題されることはあります。事実として、令和4年度の宅建試験においても、そのような問題が数問出題されています。しかし、それに対処するためには膨大な労力をかけないといけません。

　それなら、正答率が高い問題を確実にとる、そのために労力をかけたほうが効率的です。限られた時間のなかで、最大効率の学習をしていただきたいと思います。

出題負荷マップと科目別勉強法

　宅建試験は範囲が広く、科目ごとに出題の傾向が異なります。また、重視すべき科目とそうでない科目の差が激しいため、**正しい比重と攻略法で勉強することが必要**です。

　本書ではこれを「出題負荷マップ」と題し、それぞれの科目が占めるウェイトをまとめました。

　また、近年の宅建試験は現場で判断するような問題も出題されており、丸暗記では対応できなくなっています。

　そこで攻略法として、法律に関しては「そもそも論」（目的や趣旨）をたたき込むことで、規定が見えやすくなります。

　さらに科目ごとの勉強のコツも書きましたので、ぜひ参考にしてください。

出題負荷マップの見方

得点のしやすさ	◉ 黒星が多いほど得点しやすい
範　　囲	◉ 出題範囲の広さ
難易度	◉ 黒星が多いほど難しい
勉強の比重	◉ テキスト理解と問題演習、どちらに比重を置いて勉強すべきか（テ＝テキスト理解、問＝問題演習）
目標点数	◉ 全問中、何問正解をめざせばよいか

試験全体の出題負荷マップ

分 野	科 目	得点の しやすさ	出題数	目標点
権利 関係	民法	★★☆☆☆	10	5〜6
	借地借家法	★★★☆☆	2	1〜2
	区分所有法	★★★★★	1	1
	不動産登記法	★☆☆☆☆	1	0〜1
法令上 の制限	都市計画法	★★★★☆	2	2
	建築基準法	★★★☆☆	2	1〜2
	国土利用計画法	★★★★★	1	1
	宅地造成等規制法	★★★★★	1	1
	農地法	★★★★★	1	1
	土地区画整理法	★★★☆☆	1	0〜1
税・価 格評定	国税	★★★☆☆	1	0〜1
	地方税	★★★★☆	1	1
	価格評定	★★★☆☆	1	0〜1
宅建業法		★★★★★	20	18
5点免 除科目	住宅金融支援機構法	★★★☆☆	1	0〜1
	景品表示法	★★★★★	1	1
	統計	★★★★★	1	1
	土地	★★★★☆	1	1
	建物	★★★☆☆	1	0〜1
合 計			50	38

※宅建業者の従業者の方で、登録講習を受講された方は、5点免除科目については
免除されます。

① 権利関係（全14問）

①民法（10問）

得点のしやすさ ◎	★★☆☆☆
範　囲　　　　◎	広い
難易度　　　　◎	★★★★★
勉強の比重　　◎	テ6 ／ 問4
目標点数　　　◎	5〜6問／10問中

そもそも論
「日常生活のトラブルを防止・解決する法律」

　民法は日常生活で起きる可能性のある問題について、あらかじめルールを定めている法律です。1000以上の条文があり、問題の難易度も高いため、全問正解を狙うべき科目ではありません。**定番のひっかけパターンも少ないので、根本的な理解が問われます。**

▶ 勉強法

　2020年に新民法が施行されたこともあり、**過去問はあまり通用しません**。また、民法は他の法律に比べて表現のパターンが多いので、丸暗記では対応しきれない面があります。

　そのため、**民法はテキストを理解できるよう、テキストに比重を置いた勉強をしてください。**

　新民法の具体的な理解の仕方は、2章をお読みいただければと思います。

②借地借家法（2問）

得点のしやすさ	◉ ★★★☆☆
範　囲	◉ 中
難易度	◉ ★★★☆☆
勉強の比重	◉ テ4　　　　　　問6
目標点数	◉ 1〜2問／2問中

そもそも論
「借り手を守るための法律」

　借地借家法は土地や建物を借りる場合のルールを規定したもので、「借り手を守りたい」という考えが根底にあります。**「借主保護」という目的**を念頭に置いて、それぞれの規定を見ていくようにしましょう。

◆ 勉強法

　借地借家法は**土地と建物、「誰が」「どのように」といったひっかけパターン**が多く出題されています。

　まずは過去問を繰り返し解いていくことが攻略のカギです。

　また、事案を正確に読み取るという点もあらかじめ意識していただきたいところです。

　というのも、土地についての話なのに、建物の規定を当てはめてしまったら、当然正確な答えを出すことはできなくなってしまいます。借地と借家が両方とも関係してくる規定もあるため、問題文がどの場面について書かれているのかを正確に把握していく必要があるわけです。

③区分所有法（1問）

得点のしやすさ	● ★★★★★
範囲の広さ	● やや狭い
難易度	● ★☆☆☆☆
勉強の比重	● テ2　　　　　　問8
目標点数	● 1問／1問中

そもそも論
「マンションのルールを定めた法律」

区分所有法は、マンションについてのルールを定めた法律です。マンションではルールを決める際、できるだけ住人全員が納得できる形で進めていかなくてはなりません。そこで、**多数決の原理に基づいてそのマンション独自のルールを決めていく**ことにしているのです。

ただペットを飼っている場合など、**個別に同意を得なければならないという規定もあります**ので注意しましょう。

▶勉強法

区分所有法は確実に得点しなければいけない科目です。

出題されるのは**数字のひっかけがメイン**なので、数字を覚え、問題文は数字に注意しながら読むクセをつけていくようにしましょう。

④不動産登記法（1問）

得点のしやすさ	● ★☆☆☆☆
範囲の広さ	● 広い
難易度	● ★★★★★
勉強の比重	● テ3　　　　問7
目標点数	● 0～1問／1問中

そもそも論
「不動産の情報を一般に公開するための法律」

不動産登記法は、その**不動産の情報を誰が見てもわかるようにしておくための法律**です。

実際には登記簿の読み取りには法的知識が要求されることが多いですが、この目的のために、「この場合にはこういう登記を申請する」という具合に、かなり細かくパターンが定められています。

▶ 勉強法

不動産登記法は、年によって難易度の変動が激しい傾向にあります。また、1問しか出題されないため、あまり時間をかけないように意識しておきましょう。

確実に得点しようと考えずに、余裕があれば勉強するくらいの気持ちで、**最低限、本書で紹介している引っかけパターンだけでも押さえておきましょう。**

② 法令上の制限（全8問）

①都市計画法（2問）

得点のしやすさ ●	★★★★☆
範囲の広さ ●	やや広い
難易度 ●	★☆☆☆☆
勉強の比重 ●	テ3　　　　　　問7
目標点数 ●	2問／2問中

そもそも論
「計画的に街づくりをするためのルール」

　都市計画法はよりよい住環境のために、商業地域や工業地域など、**ある程度エリアを決めておくのが目的**です。

　また、街づくりの計画を都市計画と名付け、その計画を立てるところから実際の工事まで様々なルールを設けています。

▶ 勉強法

　都市計画法は、範囲がかなり広く、かなり抽象的な規定が多いため、イメージしづらい場面も多いかもしれません。

　しかし、**定番のひっかけパターンでの出題が多いため、「イメージできないけど、×のところはわかる」レベルで十分得点できます。**

　特に「場所」に関するひっかけが多いため、エリアに着目して問題を攻略していくようにしましょう。

②建築基準法（2問）

得点のしやすさ	● ★★★☆☆
範　囲	● やや広い
難易度	● ★★★☆☆
勉強の比重	● テ3 ／ 問7
目標点数	● 1〜2問／2問中

そもそも論
「変な建物が建たないように規制する法律」

　建築基準法はその名のとおり、建物を建築するときの基準を定める法律です。違法建築物が建ってしまうと、その建物の所有者はもちろんのこと、周りの住人にも迷惑がかかってしまうため、**「住人が快適な住居」「周りに迷惑をかけない」という最低限のルールを定めている**のです。

　容積率や建ぺい率もエリアごとに規定され、用途制限といって、建てていい建物かどうかがエリアごとに決められています。「自分さえよければいい」は通用しないのです。

勉強法

　建築基準法の出題は、**「数字」「場所」「なにを」に関するひっかけが多い**です。

　本試験において、直近10年間で問われたところだけ完璧にすることを目指してください。

　踏み込みすぎないことがポイントです。

③国土利用計画法（1問）

得点のしやすさ	◉ ★★★★★
範　　囲	◉ やや狭い
難易度	◉ ★☆☆☆☆
勉強の比重	◉ テ2　　　　　問8
目標点数	◉ 1問／1問中

そもそも論
「バブル防止を目的とした法律」

　転売のために土地の売買が繰り返されると、土地の値段が次第に上昇していきますが、あまりにも高騰してしまうと、経済全体に悪影響を及ぼします。そこで、広い土地を購入した場合などに**「何のためにいくらで購入したのか」届け出ることを定めるのがこの法律**です。

　しかし、試験範囲となってはいるものの、この法律が実務で使われることはほとんどありません。

▶ 勉強法

　使われない法律ですが、確実に得点すべき科目です。

　「数字」「場所」「契約」「手続き」に関するひっかけがほとんどなので、過去問で問われたところだけを押さえていけば大丈夫です。

　直近10年で出題されたところに絞って、繰り返し問題演習を行っていきましょう。

④宅地造成等規制法（1問）

得点のしやすさ	◉	★★★★★
範囲の広さ	◉	狭い
難易度	◉	★☆☆☆☆
勉強の比重	◉	テ3　　　　問7
目標点数	◉	1問／1問中

そもそも論
「崖崩れが起きそうなエリアの安全を守る法律」

　宅地造成規制法は、**崖崩れの危険性が高いエリアを宅地造成工事規制区域というエリアに指定して、そのエリア内のルールを定めている法律**です。

　崖崩れはひとたび起きると、甚大な被害が発生してしまうため、許可制度や届出制度を用いて、崖崩れを防止しようとしているのです。

◀ 勉強法

　範囲が狭く、難易度も易しいため、確実に得点すべき科目です。

　出題は**「数字」「許可／届出」のひっかけが多い**ですから、直近 10 年で出題された問題を完璧に解けるようにしておきましょう。

⑤農地法（1問）

得点のしやすさ	◉ ★★★★★
範囲の広さ	◉ 狭い
難易度	◉ ★☆☆☆☆
勉強の比重	◉ テ2　　　　　　問8
目標点数	◉ 1問／1問中

そもそも論
「農地を守るための法律」

　農地が国からなくなってしまうと、深刻な食糧危機に陥ってしまいます。また、農業について無知な人が農地を買ってしまった場合、その農地がダメになる可能性もあります。

　そこで、農地が素人の手に渡ったり農地がなくなるのを防ぐために、**買う際に買い手が農業に精通した人物であるか役所がチェックするシステムを定めているのが農地法**です。

▶ 勉強法

　範囲がとても狭く、覚えることも多くないので、確実に取るべき科目です。

　出題は**「場所」「手続き」に関するひっかけがほとんど**です。過去問を中心に問題演習の比重を高め、しっかりと知識を整理していきましょう。

　また、問題文に書いてあることがどの事案の話なのかを正確に読み取るように心がけてください。

⑥土地区画整理法（1 問）

得点のしやすさ	● ★★★☆☆
範囲の広さ	● 中
難易度	● ★★★☆☆
勉強の比重	● テ4　　　　　　　　問6
目標点数	● 0〜1問／1問中

そもそも論
「再開発のルールを定めた法律」

　古い街を整理し、再開発を行うときのルールを規定した法律が、土地区画整理法です。

　再開発とは、それまでの土地の形や道路などを大きく変えることを意味しています。すると当然、その辺りの土地の所有者は困ってしまいますから、再開発の手続きを細かく規定し、一部の人間が暴走しないように制度化しているのです。

◤ 勉強法

　問題の難易度が年によってかなり異なる科目です。

　イメージもしづらい法律ですが、出題は**「誰が」のひっかけが多い**という特徴があります。問題文は「誰が」行うものなのかに着目して読むと、選択肢を絞ることができます。

　10 年以上前の問題は難しいものが多いため、最近の問題に絞って学習していきましょう。

3 税・価格評定（全3問）

①国税（1問）

得点のしやすさ	● ★★★☆☆
範　囲	● 広い
難易度	● ★★★☆☆
勉強の比重	● テ3 　　　　　　問7
目標点数	● 0〜1問／1問中

　国税に関する問題は、例年1問出題されます。

　年によってはかなり難易度が高い問題が出題されることがあり、さらには**どの論点が出題されるのか予想しづらい**ところがあります。

　とはいえ、過去に本試験で出題されたことがある論点であれば、しっかりと得点していただきたい科目です。

　テキストと問題演習の比重は、問題演習に重きを置いたスタンスがおすすめです。

　税理士試験ではないため、過去問が解ければそれでよしとしてください。

②地方税（1問）

得点のしやすさ	◉ ★★★★☆
範囲の広さ	◉ 中
難易度	◉ ★☆☆☆☆
勉強の比重	◉ テ2　　　　　問8
目標点数	◉ 1問／1問中

　不動産取得税か固定資産税のどちらかが出題されます。

　数字のひっかけがメインとなっているため、直近の過去問で問われたところを中心にした問題演習が攻略の近道です。テキストは知識の補完に使用していきましょう。

③価格評定（1問）

得点のしやすさ	◉ ★★★☆☆
範囲の広さ	◉ やや狭い
難易度	◉ ★★★☆☆
勉強の比重	◉ テ4　　　　　問6
目標点数	◉ 0〜1問／1問中

　年によっては難しい問題が出題されることもあるため、**勉強にあまり時間をかけすぎないほうがいい**科目です。テキストの内容をある程度理解してから、問題演習を行ったほうが効率がいいでしょう。

4 宅建業法（全20問）

得点のしやすさ ◉	★★★★★
範囲の広さ ◉	狭い
難易度 ◉	★☆☆☆☆
勉強の比重 ◉	テ3　　　　　問7
目標点数 ◉	18問／20問中

そもそも論
「不動産業界のルール」

不動産業界の根本ルール、それが宅建業法です。

宅建業法は、免許申請など「役所とのやりとりについての
ルール」と、「宅建業者とお客さんとのやりとりについてのルー
ル」の2つの側面があります。テキストに書いてあるのが
どちらの側面の話なのかを意識するだけでも、理解度は大き
く変わってきます。

◤ 勉 強 法 ◢

宅建業法で大量得点できない限り、合格はあり得ません。

全問正解を目指して、最優先で勉強しましょう。とにかく
過去問を解くことが合格のカギです。

「買主が宅建業者」「場所」といったひっかけパターンも多
いですが、定番も多いので、本書で紹介しているひっかけパ
ターンをあらかじめ意識しておき、繰り返し過去問を解いて
いけば大丈夫です。

5 5点免除科目（全5問）

以下の科目は一般受験生の方向けの問題です。

宅建業者の従業者の方で、登録講習を受講された方は免除される範囲となっています。

①住宅金融支援機構法（1問）

得点のしやすさ	● ★★★☆☆
範囲の広さ	● 中
難易度	● ★★★☆☆
勉強の比重	● テ2　　　　　　問8
目標点数	● 0〜1問／1問中

住宅金融支援機構法は、制度がイメージしづらい受験生が多い科目です。

本試験で出題されたところに絞って知識を固めていくようにしましょう。

あまり時間をかけすぎないのがポイントです。

②景品表示法（1問）

得点のしやすさ	◉	★★★★★
範　　囲	◉	やや狭い
難易度	◉	★☆☆☆☆
勉強の比重	◉	テ2　　　　　問8
目標点数	◉	1問／1問中

　確実に得点しておきたい科目です。仮に知らない範囲が出題されたとしても、**常識的に考えれば選択肢が切れてしまうことも多い**です。

③統計（1問）

得点のしやすさ	◉	★★★★★
範　　囲	◉	狭い
難易度	◉	★☆☆☆☆
勉強の比重	◉	例外（最新情報の暗記）
目標点数	◉	1問／1問中

　試験3日前あたりから**最新の情報を覚えるだけで、得点できてしまいます。**

　テキストはおろか、問題演習すら必要ありません。

④土地（1問）

得点のしやすさ	◉ ★★★★☆
範　　囲	◉ 広い
難易度	◉ ★☆☆☆☆
勉強の比重	◉ 例外（論理的思考&消去法）
目標点数	◉ 1問／1問中

　知識問題として解くのではなく、論理的思考と消去法を駆使することで得点できます。拙著『宅建「ひっかけ問題」完全攻略　必勝！　鬼トレ問題集』で解き方を紹介していますので、参考にしてください。

⑤建物（1問）

得点のしやすさ	◉ ★★★☆☆
範　　囲	◉ 広い
難易度	◉ ★★★☆☆
勉強の比重	◉ 例外（論理的思考&消去法）
目標点数	◉ 0〜1問／1問中

　建物に関する問題も、知識問題として解くものではありません。土地に関する問題と同じように、論理的思考と消去法を駆使して解答するようにしてください。

得点効率ランキング

　出題負荷マップで見たように、宅建試験は科目ごとに、出題傾向が大きく異なります。本書では、得点効率ランキングと題して、1点を取るための労力を数値化しました。過去12年分の問題を分析し、得点するために必要な知識の数を算出しています。

順位	分野	項目	1問正答に必要な知識数
1位	宅建業法	住宅瑕疵担保履行法	15
2位	宅建業法	免許の要否	19
3位	宅建業法	8種制限	19
4位	法令上の制限	国土利用計画法	21
5位	宅建業法	営業保証金	24
6位	法令上の制限	農地法	24
7位	宅建業法	場所に関する規制	24
8位	宅建業法	報酬	25
9位	宅建業法	保証協会	25
10位	権利関係	区分所有法	28

順位	分野	項目	1問正答に 必要な知識数
11位	宅建業法	重要事項説明（35条）	28
12位	法令上の制限	宅地造成等規制法	28
13位	宅建業法	広告・業務規制	29
14位	権利関係	借地借家法	30
15位	宅建業法	媒介	30
16位	宅建業法	37条書面	32
17位	宅建業法	宅地建物取引士	32
18位	法令上の制限	都市計画法	33
19位	税・価格評定	地方税	34
20位	法令上の制限	土地区画整理法	35
21位	宅建業法	監督処分・罰則	37
22位	権利関係	不動産登記法	38
23位	税・価格評定	価格評定	43
24位	税・価格評定	国税	43
25位	法令上の制限	建築基準法	43
26位	宅建業法	免許制度	46
27位	権利関係	民法	52

このランキングを参考に、**得点効率がより高い項目を優先的に学習**していきましょう。特に、上位の項目については確実に得点していくことが必要になります。

　なお、このランキングはあくまで**1問あたりの得点効率**を順位化したもので、**出題数については考慮していません**。

　たとえば、3位に「8種制限」がランクインしていますが、この項目は例年2〜3問の出題が見られます。したがって、実際に覚える知識量は、この2〜3倍となります。このことから、多くの方が「覚える量が多いなあ」と感じてしまうことでしょう。

　もっとも、1問あたりの分量で考えたときに、実はかなり効率がいいのです。たしかに覚える量は多いですが、その分、多くの出題がなされるため、リターンが大きい項目と言えます。

　このことは、11位「重要事項説明」でも言えます。いわゆる重説からは、例年3〜4問が出題されます。覚える内容は膨大ですが、その分、多く出題されるため、正確に押さえることで大量得点が見込めます。

絶対に落としてはいけない14問

　宅建試験合格のためには、絶対に得点しなければならない分野がいくつか存在します。

　これらに共通して言える特徴は、**「出題されるところが決まっており、かつ、正答率が高い」**ということ。すなわち、合格レベルにある受験生の多くが得点してくる問題であるということです。

　ここで失点してしまうと、合格基準点に達することが難しくなってしまいます。

　それほどに、合否に直結する問題が多いという意識を持っておきましょう。

とるべきカテゴリーに苦手分野があれば最優先せよ!

　特に近年、合格するためにはこのカテゴリーでの得点が必須となってきています。

　絶対にとるべきカテゴリーの中で、自身の苦手な分野がある場合、最優先でその分野を固めるようにしましょう。

　詳しくは、拙著『宅建「ひっかけ問題」完全攻略　必勝！鬼トレ問題集』で解説をしておりますので、そちらをご覧ください。

とるべきカテゴリーの内容

分 野	カテゴリー	出題数
宅建業法	宅建業の免許の要否に関する問題	1 問
	営業保証金	1 問
	保証協会	1 問
	広告その他の業務規制	1 問
	媒介	1 問
	報酬	1 問
	住宅瑕疵担保履行法	1 問
権利関係	区分所有法	1 問
法令上の制限	都市計画法	2 問
	国土利用計画法	1 問
	宅地造成等規制法	1 問
	農地法	1 問
5点免除科目	統計	1 問
合計		14 問

問題文を読み解く3つのポイント

　宅建試験は、年々問題文が長くなる傾向にあります。

　ただでさえ堅苦しい条文の表現で書かれていますから、どこを見て○×を判断すればいいのか、わかりづらいですよね。

　そこで文章をどう紐解いていけばよいのか、ポイントを3つに絞ってお伝えします。

ポイント❶ 「テルキナ式5W1H」を意識せよ!

　当然の話ですが、試験委員が誤った選択肢を作る際は、正しい文章の一部をいじってひっかけ問題を作成しています。

　その際にいじられる要素は主に6つ。それらを**「テルキナ式5W1H」**として紹介しておきたいと思います。

テルキナ式5W1H

① Who	「誰が」
② Whom	「誰に」
③ What	「なにを」
④ When	「いつ」
⑤ Where	「どこで」
⑥ How	「どのように」

モグラたたきをイメージしてください。モグラはどの穴から出てくるかはわかりませんが、出てくる穴はすでに用意されていますよね。

実は試験問題にも、ぱっと見ではわからないだけで穴が存在しているのです。その穴の場所を見つけるために、「テルキナ式５Ｗ１Ｈ」をぜひ活用してください。

次の文章を見てください。

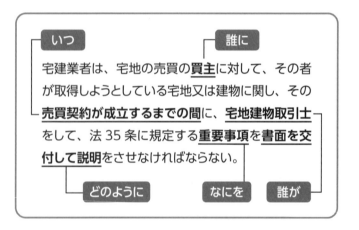

いつ

誰に

宅建業者は、宅地の売買の**買主**に対して、その者が取得しようとしている宅地又は建物に関し、その**売買契約が成立するまでの間**に、**宅地建物取引士**をして、法35条に規定する**重要事項**を**書面を交付して説明**をさせなければならない。

どのように

なにを

誰が

宅建業法35条に関する文章です。

これは正しい記述となっていますが、この文章の５Ｗ１Ｈ、つまりひっかけになりうる穴は、下線部となります。堅苦しい文章が、ぐっとさばきやすくなったのを感じませんか？

あらかじめこうして目のつけどころがわかっていれば、ケアレスミスを防ぐことができますよね。

さらに、慣れてくれば解答に不必要な文を読み飛ばすこと

もできるので、時間短縮にもつながります。まさに一石二鳥！

　ぜひ日頃から、穴を見つけ出す意識を持って、問題文に多く触れてください。

ポイント❷　「場合」「とき」で事案を確定！

　宅建試験の問題文は、ほぼすべての選択肢に「場合」「とき」という言葉が出てきます。

「場合」「とき」という言葉が来たら、一度文章を切りましょう。

　というのも、この「場合」「とき」という言葉の前には、問題となっている事案が書かれています。試験委員が、「こういうケースですよ〜」と教えてくれているのです。

事案　場合、／………

事案　とき、／………

　けれど、わざわざ教えてくれているからこそ、事案の読み取りミスをしてしまうと、正しい知識を持っていたとしても正解を導くことはできません。

「場合」「とき」で文章を区切った後、すぐに続きの文章を読んではいけません。まずは事案を正確に読み取り、何が

起きているのかを正確に把握してください。

「あ、これはテキストでやったあのケースだ!」ということがわかってから、「場合」「とき」の後を読むクセをつけましょう。

こうすることにより、正誤判断の確実性が飛躍的に向上します。

実際に出題された問題を見てみましょう。

令和3年(10月実施)問3

Aが1人で居住する甲建物の保存に瑕疵があったため、甲建物の壁が崩れて通行人Bがケガをした**場合**（以下この問において「本件事故」という。）における次の記述のうち、民法の規定によれば、誤っているものはどれか。

選択肢1

Aが甲建物をCから賃借している**場合**、Aは甲建物の保存の瑕疵による損害の発生の防止に必要な注意をしなかったとしても、Bに対して不法行為責任を負わない。

答え：×

これは民法の「工作物責任」というテーマからの出題です。問題文に1か所、選択肢にも1か所、「場合」という言葉が入っています。ここで一度文章を切り、それぞれ事案を整理してみましょう。

**Aが1人で居住する甲建物の保存に瑕疵があったため、
甲建物の壁が崩れて通行人Bがケガをした場合**

A が住む家の壁が崩れ、B がケガをしたことが読み取れます。宅建試験においては、「誰が」「誰に」というひっかけパターンも多く出題されています。この対策として、正確に登場人物を把握することが必要です。

では、選択肢 1 番を見ていきましょう。

選択肢 1　Aが甲建物をCから賃借している場合

短い文章ですが、解答にあたりとても重要なことが書かれています。A は甲建物を C から賃借していることから、甲建物の所有者は C であることがわかります。つまり、A はこの建物の占有者となります。これを読み取ったうえで、問題文の続きを見ていきます。

> Aは甲建物の保存の瑕疵による損害の発生の防止に必要な注意をしなかったとしても、Bに対して不法行為責任を負わない。

　詳細は2章の法的三段論法の項目で述べますが、いきなり答えを出そうとしてはいけません。まずやるべきことは、**ルールを思い出す**ことです。

　この問題では、**土地工作物責任**について問われています。土地工作物責任は、**責任を負う順番**がポイントとなります。

土地工作物責任を負う者

❶ 占有者

　　↓ 必要な注意をしていたら……

❷ 所有者

　責任を負う者として、まずは占有者が第一候補となります。もっとも、占有者は、**損害の発生の防止に必要な注意をしていたときには、責任を免れます**。この場合、所有者が無過失責任を負うこととなります。したがって、注意をしなかったとしてもAが責任を負うとする選択肢1番は、誤りです。
　このように、「場合」で文章を切ると、問われている内容がハッキリしてきますよね。日々の勉強はもちろんのこと、試験本番においても意識していただきたいポイントになります。

ポイント❸ 宅建試験の本質は「間違いさがし」!

ひとつ、おもしろいデータをご紹介しましょう。

令和3年(10月)	115 / 200	57.5%
令和2年(10月)	119 / 200	60%
令和元年	111 / 199	56%

　上記は直近3年間における、誤った記述となっている選択肢の数を示した表です。

　このデータから、**毎年誤りの選択肢の数はほぼ同じ**ということがわかると思います。さらに、**「誤った記述のほうが正しい記述よりも多い」**ということも読み取ることができます。

　何を言いたいのかというと、**〇の選択肢を〇と判断するよりも、×の選択肢を×と判断するスキルが重要**ということです。

　あたりまえの話ですが、「誤っているものはどれか」という問題の場合、×の選択肢を見つけることができれば得点することができます。逆に、「正しいものはどれか」という問題の場合、×の選択肢を正確に消していけば、消去法でその問題は得点することができます。

　このように、**宅建試験の本質は間違いさがし**なのです。

「本番で×どころをしっかりと見つけることができれば、合格できる」

　そう考えるだけでも、日々の勉強が楽になりませんか？

　千里の道も一歩から。〇を導くにもまずは×から。

しっかりと×をつけられるように意識しながら、勉強に取り組んでいきましょう。

まとめ ■問題文を読み解く3つのポイント

① **テルキナ式5W1Hを意識せよ!**

Who	「誰が」
Whom	「誰に」
What	「なにを」
When	「いつ」
Where	「どこで」
How	「どのように」

② **「場合」「とき」で文章を区切り、事案を確定!**
すぐに続きを読むのではなく、事案の把握に努めよ!

③ **〇の選択肢を探すのではない、×を探せ!**

2章

最短・最速で受かる!

実際に
受かった人の
ズル賢い勉強術

法律をマスターするコツ

　ここでは、法律を勉強するにあたり重要な考え方をお伝えします。これからご紹介する思考法を身につけることで、宅建のみならず、あらゆる法律の勉強に役立ちます。ぜひ本書を通して、その思考法をマスターしてください。

法的三段論法

　法律を学習するときに最も重要となるのが、**「法的三段論法」**という思考法です。

法的三段論法とは

規範	ルールのこと。法律の条文や判例がこれに該当する
事案	規範を問題となっている事案に当てはめる
結論	その事案における結論を導き出す

　これを見ると「とても難しそう」と思われる方も多いでしょう。しかし、実はあなたも、**日常生活の中で無意識に行っていること**なのです。

　たとえば、あなたが交差点に立っているとします。目の前

の信号は赤色です。この場合、あなたは道路を渡っていいでしょうか？

「バカにしているのか！ 渡ってはいけないに決まってる!」と思われたかもしれません。しかし、これこそが法的三段論法なのです。

あなたは、**「赤信号の場合、道路を渡ってはいけない」**という交通ルールを知っています。これが**規範**に該当します。そしてこの規範を、**目の前の信号が赤信号であるという事案に、無意識に当てはめていた**のです。その結果、「道路を渡ってはいけない」という結論を導き出しました。

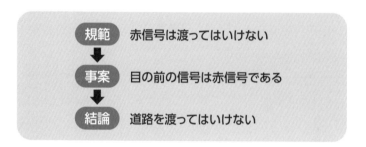

規範	赤信号は渡ってはいけない
事案	目の前の信号は赤信号である
結論	道路を渡ってはいけない

このように、実はあなたも無意識に法的思考をしているので、その感覚を大切にしていけば、小難しい法律の規定も理解しやすくなるのです。

ところが、いざ問題を解く場面になると、**多くの方がいきなり結論を出そうとしてしまいます**。これでは知識が曖昧になってしまうだけでなく、ひっかけ問題にも負けやすくなります。

次のページで、実際の試験問題を題材に考え方を整理していきましょう。

　成年後見人が、成年被後見人を代理して行う次に掲げる法律行為のうち、民法の規定によれば、家庭裁判所の許可を得なければ代理して行うことができないものはどれか。

1　成年被後見人が所有する乗用車の第三者への売却
2　成年被後見人が所有する成年被後見人の居住の用に供する建物への第三者の抵当権の設定
3　成年被後見人が所有するオフィスビルへの第三者の抵当権の設定
4　成年被後見人が所有する倉庫についての第三者との賃貸借契約の解除

　これは成年被後見人に関する問題です。成年被後見人とは、精神上の障害により、判断能力がない方のことで、成年被後見人には、保護者として成年後見人が付きます。

　問題では、成年後見人が成年被後見人の代わりに契約をする際、裁判所の許可が必要かどうかが問われています。

　選択肢1に、成年被後見人が所有する乗用車の第三者への売却とあります。このとき、**いきなり答えを出そうとしてはいけません**。それだと、法的三段論法を駆使していないことになるからです。

　まずやるべきことは、規範、つまり**ルールを思い出す**ことです。一歩下がって、**大元のルールを確認**していくクセをつ

けましょう。

　民法に、「成年後見人は、成年被後見人に代わって、そ
の**居住の用に供する建物又はその敷地**について、**売却、賃
貸、賃貸借の解除又は抵当権の設定**その他これらに準ずる
処分をするには、**家庭裁判所の許可**を得なければならない」
というルールが書かれています。

　要するに、成年被後見人が住んでいる家について契約を
するときには、家庭裁判所の許可が必要ということです。

　このルールを思い浮かべたうえで、選択肢を検討していき
ます。

選択肢1　乗用車は「居住用財産」ではないため、
　　　　　　許可不要
選択肢2　居住の用に供する建物に抵当権を設定する
　　　　　　ものであるため、許可必要
選択肢3　オフィスビルは「居住用財産」ではないため、
　　　　　　許可不要
選択肢4　倉庫は「居住用財産」ではないため、
　　　　　　許可不要

　前述のルールに当てはまる、選択肢2が答えとなります。

　このように、法的三段論法を駆使して答えを出すと、まさ
に宅建講師のような解説ができるようになり、そのレベルに
達することができれば、どのような表現で問題が作られてい
ても、確実に得点することができます。

最初は面倒に思われるかもしれませんが、考え方のコツさえ身につければ、無意識にできるようになりますから、この感覚を日々の勉強や試験本番に活かしていただきたいと思います。

「原則」と「例外」

　法律を勉強していくと、「原則」と「例外」が大量に出てきます。この２つをしっかり理解することもまた、法律をマスターするコツです。

　難しく考えず、サッカーを例に考えてみましょう。

　サッカーにはある大原則が存在しています。それは、「プレー中に（ピッチ内で）手を使ってはならない」というもの。もし手を使ってしまったら、ハンドという反則になってしまいます。

　しかし、そんなサッカーにも「手を使ってもいい」という例外な人が存在しますよね。そうです、ゴールキーパーです。ゴールキーパーは唯一、手でボールを扱うことが認められています（スローインはピッチ外のプレー）。

　もっとも、ゴールキーパーといえども、無条件で手を使えるわけではありません。自陣のペナルティエリア内にいるときに限って、手を使うことが認められているのです。ゴールキーパーでも、これ以外の場所で手を使ってしまうと、やはりハンドという反則をとられてしまいます。

　これをまとめると、次のようになります。

```
サッカーの原則と例外
原則：プレー中に手を使ってはならない。
例外：ゴールキーパーだけは、自陣のペナルティエリア
　　　内に限り、手を使うことができる。
```

　サッカー観戦をするとき、こんな条文を思い出しながら試合を見る方はいないでしょうが、実は常時、この規定を脳が理解しサッカー観戦をしている、とも言えるのです。

　このように考えると、少しだけ気が楽になりますよね。法律の条文も、このイメージで見ていくと、理解しやすくなります。

　具体的に、宅建試験で学習する内容を例に見ていきましょう。

　民法で学習する項目のひとつに、「**錯誤**」という項目があります。簡単に言えば、勘違いや言い間違いによって契約をしてしまった場合のお話になります。

　錯誤によって契約をした場合、その契約を**取り消すことができます**。これが原則です。人間誰でも勘違いはありますから、勘違いで契約した場合にはキャンセルができることになっています。

　もっとも、**本人に重大な過失がある場合には、取り消すことができません**。重大な過失とは、フォローできないレベルの不注意のこと。「さすがに誰も、そんな勘違いはしないで

しょう」という場合には、取り消すことができません。これが例外となります。

錯誤による契約があった場合の原則と例外

原則 取り消すことができる

例外 重大な過失があった場合、取り消すことができない

　ここで注意しなければならないのが、**例外に意識を向けすぎない**ことです。

　たしかに例外は重要ですが、あくまでも**「原則があっての、その例外」**ということ。例外のほうに意識がいきすぎてしまうと、知識の混同が起こり、ひっかけ問題にやられてしまいます。

　あくまで**メインは原則**のほう。例外は、いわば特別に認められていることにすぎません。

　このように一歩下がって、大枠（全体）をしっかり見る。多くの場合が当てはまる原則はこれで、その限りでない例外はあるけど……というように全体像が見えれば、覚える内容がクリアになってきます。

「要件」と「効果」

　法律の条文は、**「要件」**と**「効果」**という構成になっていることが多いものです。実際の条文を見てみましょう。

民法162条2項

　10年間、所有の意思をもって、平穏に、かつ、公然と他人の物を占有した者は、その占有の開始の時に、善意であり、かつ、過失がなかったときは、その所有権を取得する。

　民法の取得時効に関する条文です。この文章を要件と効果に分解すると、次のようになります。

要件	効果
❶ 10年間 ❷ 所有の意思 ❸ 平穏、かつ、公然と他人の物を占有 ❹ 占有開始時に、善意無過失	所有権を取得する

　このように整理すれば、覚えるべきポイントが明確になりますよね。さらに、問題を解くとき、キーワードを見つけやすくなったり、ひっかけ問題にも強くなります。

　では、ここでひとつ、皆さんに考えていただこうと思います。次の問題にお答えください。

借地借家法に規定されている**一般の定期借地権の要件**はなんでしょうか?

「更新がない」と答えてしまう方が多いのですが、正解は次の通りです。

要件	効果
❶ 書面で契約すること ❷ 存続期間50年以上とすること	「更新がない」と することができる

　つまり**「更新がない」**というのは、要件ではなく**効果**。一般の定期借地権の要件は、書面で契約すること、そして、存続期間50年以上とすることになり、この2つの要件を満たせば、更新がない、他にも建物買取請求ができないという特約を有効にすることができるということです。

　民法や借地借家法が苦手な方のお話を伺うと、**要件と効果を区別できていない**方が多くいらっしゃいます。

　テキストの「取り消すことができる」「請求することができる」といった記載は、すべて効果であって、これらはある要件を満たしたとき、はじめて発生するものです。

　要件と効果をセットにして文章を読んでいけば、法律の全体像も見えやすくなります。

　また、前の項目でお伝えした「原則と例外」と組み合わせ

ることで、より正確な理解につながっていきます。「原則と例外」「要件と効果」、この2つを意識するだけで、法律の勉強が一気に得意になるはずですから、今日からぜひ意識してみてください。

両方の立場で考える

　宅建試験で出題される法律は、契約上のルールについて規定したものが多いです。多くの登場人物が登場しますが、**それぞれの人の立場で考える**ことが、そのルールを理解するポイントになります。

　具体的に考えてみましょう。「Aは、Bが行った詐欺により、A所有の土地をBに売却してしまいました。その後、Aがこの契約を取り消す前に、Bはこの土地を善意無過失のCに転売しました」。

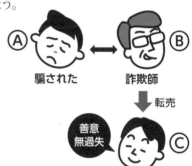

この場合、Aは土地を取り戻すことはできるでしょうか。

　民法で学習する内容ですが、この場合、**Cの勝ち**です。**Aは土地を取り戻すことはできません。**「Aさんがかわいそう」と考える方も多いと思います。たしかにAさんは詐欺の被害者で、それなのに土地を取り戻せないのはかわいそう

です。

　しかし、ここで**Aさんの立場だけで考えていては、法律の理解は深まりません**。大事なのは、**両方の立場で考える**ことです。今回でいえば、Cさんの立場でも考えるということですね。

　たとえば、Bさんから土地を買ったCさんがあなただったとします。契約も無事終わりホッとしたところへA さんという人が現れ、「その

騙されて売った土地なので返して！

土地はBに騙されて売った土地なので、私に返してください」と言ってきた。このとき、あなたはどう思うでしょうか?

　多くの人は「そんなの知らないよ!」という感じになりますよね。あなたとしてはBさんから土地を買ったわけで、AとBの契約は全く関係ない。だから、あなたが善意無過失ならあなたの契約は有効で、土地を返す必要はありません。

　なお、ここで言う善意無過失とは、「Aさんが騙されて売ったことを知らない」、そして「それについてCさんに過失もない」という意味です。

　このようにCの視点で考えることで、Aの視点とはまた違った印象になると思います。これが法律をマスターするコツなのです。

　どちらか一方の立場で考えていては、理解度も半分になってしまいます。法律の規定を正確に理解するためには、両方の立場で考える必要があるのです。

暗記不要! 理解すれば覚えるまでもない

　書店には、勉強法についての書籍が多く並んでいます。たくさんの方法がある反面、宅建試験においては必ずしも効率的ではないものも存在します。そこで本書では、**宅建試験に特化した勉強法**をご紹介します。いずれも、宅建の試験傾向を分析し、宅建に合格するための最大効率を意識した勉強法となっています。

　宅建試験は、覚える内容がとても多い試験です。「全部暗記するぞ!」と意気込む方もいらっしゃるかもしれませんが、ちょっと冷静になってください。

　法律は、すべて人が作るものです。専門家たちが、多方面から考えた結果、現在のルールが出来上がっています。それらにはすべて**理由があり、趣旨があります**。この「理由や趣旨」を意識することで、**覚える量自体を減らすことができる**のです。

　宅建業法で出題される「重要事項説明」を例に説明しましょう。宅建士が説明しなければならない事項は、40 個以上あります。このすべてを覚えるとなると、かなりの労力を使うことになってしまいます。

　しかし、次の 2 つのポイントを理解することで、覚える量を一気に減らすことができます。

　まず①についてですが、重要事項説明は「契約するかどうかの判断材料」です。「これからあなたが買おうとしている（借りようとしている）物件はこんな特徴がありますよ。本当にいいですか?」という感じで、契約するかどうかの最終確認をするイメージです。

　こういった性質から、重要事項説明は**契約締結前**にしなければなりません。契約した後では遅いですからね。このように理由がわかれば「当たり前」という考え方ができます。

　また、重要事項説明は**買主や借主に対して**行います。売主・貸主には行いません。理由は既に述べた通り、**重要事項説明は契約するかどうかの判断材料だから**です。売主や貸主にその物件の説明をしても意味がないため、これからその家に住む人に対して説明をするのです。

　このように、**「そもそも重要事項説明とはなにか」**を理解すれば、いちいち暗記する必要はありません。さらに、他の規定と知識が混ざることも少なくなります。結論の丸暗記ではなく、理由や制度趣旨を理解することこそ、宅建試験攻略のカギとなります。

　次に②についてです。重要事項説明の問題は例年２〜３

問出題されていますが、問題を分析していくと、ある傾向が見えてきます。それが**「建物」**の**「貸借」**に関する出題が多いということです。

　重要事項説明の問題では大きく分けて4つのパターンが出題されます。**物件が建物なのか宅地なのか**、そして、**契約が売買なのか貸借なのか**です。2×2の4パターンとなるのですが、このうち、大事なのは建物の貸借です。

　実際に出題された問題を見ていただきましょう。

令和3年（10月実施）問36

　宅地建物取引業者が行う宅地建物取引業法第35条に規定する重要事項の説明に関する次の記述のうち、同法の規定に少なくとも説明しなければならない事項として掲げられていないものはどれか。

1　建物の貸借の媒介を行う場合における、「都市計画法第29条第1項の規定に基づく制限」

2　建物の貸借の媒介を行う場合における、「当該建物について、石綿の使用の有無の調査の結果が記録されているときは、その内容」

3　建物の貸借の媒介を行う場合における、「台所、浴室、便所その他の当該建物の設備の整備の状況」

4　宅地の貸借の媒介を行う場合における、「敷金その他いかなる名義をもって授受されるかを問わず、契約終了時において精算することとされている金銭の精算に関する事項」

　選択肢1～3が「建物の貸借」、そして選択肢4では「宅地の貸借」について問われています。

　この問題でポイントとなったのが、**建物の貸借なら説明しなくていい事項**です。重要事項説明事項40個以上のうち、実は、建物の貸借なら説明しなくていいものが4つあります。この4つを正確に押さえていれば、この問題は得点できました。

建物の貸借なら説明不要

・都市計画法、建築基準法

・私道負担

・維持保全書類の保全状況

・住宅性能評価

　この4つに関しても、**暗記は不要**です。なぜなら、**考えてみれば当たり前だから**です。

　そもそも建物の貸借というのは、アパートやマンションの賃借のことです。これを大前提に据えることで、理由が見えてきます。

　都市計画法は、再開発のルールを定めた法律です。**アパートを借りる人にとっては関係ない**話なので、都市計画法について説明する必要はありません。

　建築基準法も同じ理由です。**建築基準法には、建ぺい率**

や容積率といったルールが規定されていますが、いずれも、建物を建てるときに問題となるものです。既に建っている建物を借りるだけですから、**賃借人には関係ない**ですよね。したがって、説明不要となっています。

　私道負担も、建物の貸借なら説明不要です。私道負担は、**土地の話**です。４章の「ひっかけあるある」でも記載していますが、**土地と建物は別モノ**です。建物を借りるだけであれば、土地の話は関係ないため、説明不要です。

　維持保全書類の保全状況と住宅性能評価も、建物の貸借であれば説明不要です。理由は簡単で、この２つはいずれも**資産価値に関する内容**だからです。**建物を買うときには重要となりますが、借りるだけなら無関係**です。そこで、貸借の場合には説明不要となっています。

　このように**「そもそも論や理由」を理解する**ことで、知識が頭に入りやすくなります。さらに覚える量も減らせるとなれば、いいこと尽くめですよね。

色分けマーク法

　ここでは、テキストにマークをする方法についてご紹介します。ポイントは次の２つです。

---

① 単語をマークする
② 原則と例外で色分けをする

　この２つのポイントを意識することで、短時間で効率のいい学習が可能となります。

1　単語をマークする

　テキストにマークをするとき、意外に多くの方が文章をそのままマークしています。法律の文章は堅苦しく、長い文章が多いですよね。それをマークしていくと、マーク箇所が膨大になってしまいます。その結果、「どこが重要なのかわかりづらい」という事態に陥ってしまいます。

　そこで、マークをするときには、単語をマークするのがおすすめです。イメージとしては、「カタコトの日本語」といった感じでしょうか。重要なキーワードを拾って、そこだけマークしていくとポイントを絞りやすいです。

　次の文章で実践してみましょう。民法で学習する、時効の更新に関する記述です。

　時効の更新とは、**リセットボタンを押すこと**です。これが起きると、時間の経過をゼロに戻すことができるのです。次の２つの事由どちらかが起きると、時の経過がリセットされます。どちらか片方でよく、両方満たす必要はありません。

> ① **確定判決**または確定判決と同一の効力を有するものによって権利が確定したとき
> ② **承認**があったとき

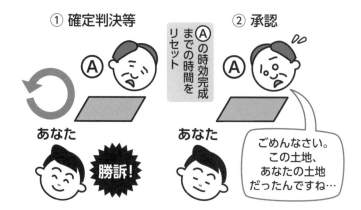

① 確定判決等　　②の時効完成までの時間をリセット　② 承認

あなた　　あなた

勝訴！

ごめんなさい。
この土地、
あなたの土地
だったんですね…

　重要なキーワードだけマークすれば、なんと３か所だけで済みます。「リセットボタン」「確定判決」「承認」、この３つをマークして、あとは**マーク箇所の流し読みを繰り返していけば、知識が定着**していきます。

　コツとしては、「ちょっと少ないかな？」というくらいにとどめておくことです。最初からマークをしすぎると、それこそどこが重要かわからなくなってしまいます。問題演習などを通

して足りないと感じたら、後でアップデートしていけばいいのです。徹底してキーワードのみをマークしていく、これが宅建試験においては重要となります。

❷ 原則と例外で色分けをする

　この方法は、実際に平井が予備校の授業で使っている方法です。kinaもこの方法を使って合格したため、宅建テルキナではこの方法がスタンダードになっています。

　原則と例外の項目で述べたように、法律を勉強するうえで、この２つの概念がとても重要となります。それを視覚的にもわかりやすくするために、**原則と例外の色を分けてマーク**する方法をおすすめします。次の文章で実践してみましょう。宅建業法の登録の移転に関する文章です。

> 　登録の移転は、**勤務地が他の都道府県に変わったとき**にすることができます。したがって、住所が変わっただけでは、登録の移転を申請することはできません。また、登録の移転は、**任意**です。必ずしなければならないわけではありません。また、事務禁止処分を受けた場合、**事務禁止期間中**は登録の移転を申請することはできません。

　このように、色を分けてマークすることで、制度の枠組みが理解しやすくなります。さらに、原則と例外の知識が混同

する事態も防ぐことができます。原則と例外が多く登場する宅建試験においては、特に有効な方法です。

　もちろん、①で見たように、単語をマークしていくようにしましょう。色分けをして、文章をそのままマークしていては、逆に見にくくなってしまいます。

　もうひとつ、色分けが特に有効な分野をご紹介しましょう。それが、**法令上の制限**です。次の表をご覧ください。国土利用計画法の事後届出の要否に関する表です。

届出必要	届出不要
売買、売買予約	抵当権の設定
代物弁済	相続
対価を伴う地上権・賃借権	時効取得
停止条件付売買契約等	

　届出が必要なケースを通常の色、届出不要となる契約を例外の色でマークしていきます。こうすれば、視覚的にも整理しやすくなります。

　他にも、都市計画法の開発許可や、建築基準法など、法令上の制限は色分けが効果を発揮します。民法なども整理しやすくなりますので、ぜひ使ってみてください。

私は、通常の色を赤色、例外の色を青色にしてマークしていました。

年度別の問題集は
やらなくていい

　宅建試験用問題集は、次の2種類に大きく分けられます。

❶ 年度別の問題集

「令和元年の問題」「平成30年の問題」というように、年ごとに問題をまとめたもの。

❷ 分野別の問題集

「宅建業法」「権利関係」というように、分野ごとに問題を整理して掲載されているもの。

　勘違いされる方がいらっしゃるのでお伝えしておくと、分野別の問題集も過去問です。本試験で出題された問題を、分野ごとに分解して、再構築しているのが分野別問題集となります。この2つのうち**年度別の問題集**については、わざわざ**解かなくていい**と考えています。理由として、次の4つが挙げられます。

---

① 分野ごとに固めたほうが効率的だから
② 大手予備校の講義では年度別の問題集を使わないから
③ 予備校側としては少ない労力で儲かるから
④ 分野別の問題集と問題がダブっているから

　あくまで個人的に考えていることではありますが、効率的に学習を進めていくための参考にはなると思います。それぞれ詳細についてお伝えしていきましょう。

①分野ごとに固めたほうが効率的だから

「出題負荷マップ」や「得点効率ランキング」、「絶対に落としてはいけない14問」で触れたように、宅建試験においては、分野によって攻略法が異なります。それぞれの項目をしっかりと固めていき、得点力を高めていくことが大事です。

　分野別の問題集と年度別の問題集、どちらが項目ごとに固めていけるでしょうか。考えるまでもなく分野別の問題集ですよね。年度別の問題集は、ランダムに問題が飛んでくるため、テーマごとに攻略していくのは難しいです。それなら、分野別の問題集を繰り返し解いていくほうが効率的です。

②大手予備校の講義では年度別の問題集を使わないから

　実は、ほとんどの予備校の宅建講座では、年度別問題集は使っていません。なかには、サービスで配布している予備校もありますが、授業でこれを使うことはないです。

　ランダムに50問解くよりも、分野ごとに固めていったほうが、自分が苦手なところ、どこを重点的に勉強するべきかがわかるため、年度別問題集を使った授業はしないのだと思います。

　そもそも、50問解く訓練としては模試があります。本番のリハーサルとしては模試で十分なので、その点でも年度別の問題集を解く意義は少ないと感じています。

　年度別問題集を出している予備校を見ると、ある共通点が見えてきます。それが、**解答解説会を行っている**ということです。詳細をお伝えする前に、少しだけ資格予備校の仕事について触れておきます。**試験当日、資格予備校が何をしているのか**というお話です。

　まず、予備校のスタッフの方が実際に試験を受験します。受験しないと問題が手に入らないため、実際に会場に行ってもらっています。そして、試験終了後、データを本部に送って、先生方が問題を解いていきます。ちなみに平井も、例年この解答作成作業をしています。

　多くの予備校が答えを出して、当日中に合格ライン予想をするという流れになります。

　その後、試験１週間後くらいに**解答解説会**を実施する予備校が多いです。解答解説会とは、**全50問の解説を作って、講師が問題を解説**するイベントです。参加者特典として、解説を無料で配ったりしています。要するに、宣伝ですね。「来年度はうちに通ってね!」ということです。

　ここで注目していただきたいのが、**50問分の解説を作っている**という点です。そうです、もう解説は作ってあるので、あとは**問題をくっつければ、すぐに出版できる**のです。これが年度別問題集を解かなくていい理由３つめです。

　予備校側はあまり労力がかかっていません。問題を並べる

だけですし、解説は既に作ってあるため、編集作業は不要です。にもかかわらず、出版すれば売れますよね。

一方、分野別の問題集の場合、まず問題のセレクトをしないといけません。そして、編集作業もそれなりの時間がかかります。重複した問題を削除したり、より学習効果の高い問題を残したりと、意外に手間がかかります。

年度別の問題集と分野別の問題集、どちらのほうが制作コストがかかるかといえば、確実に分野別のほうがかかります。

こういった事情があるため、あえて年度別の問題集を買うのはコスパが悪い気がしています。

❹分野別の問題集と問題がダブっているから

先ほど触れたように、分野別の問題集も過去問です。つまり、年度別の問題集と同じ問題が載っているのです。それなら、模試の問題を解いたほうが、効率的です。

以上のことから、あえて年度別問題集を解く必要はないと考えています。もちろん、それを説いたからムダになるということはありませんが、限られた時間で膨大な試験範囲をこなしていかなければならない以上、やはり効率を意識する必要があります。

合格に必要な知識は、分野別の問題集でしっかり身につきます。 特に時間が足りない方は、頭の片隅に入れておいてください。

「問題文に書き込み」勉強法

　ここでは、かなり変わった勉強法をご紹介しましょう。ズバリ、**問題文に答えを書き込んでしまう**という方法です。

　昨年出題された問題を使って実践してみましょう。

令和３年（10月実施）問34
　宅地建物取引業法の規定に基づく営業保証金に関する次の記述のうち、正しいものはどれか。

1　国土交通大臣から免許を受けた宅地建物取引業者が、営業保証金を主たる事務所の最寄りの供託所に供託した場合、当該供託所から国土交通大臣にその旨が通知されるため、当該宅地建物取引業者は国土交通大臣にその旨を届け出る必要はない。

届出必要

　このように、**「どこが×なのか」**、そして、**「正しい知識」**を書き込みます。そのうえで、**キーワードにマーク**をしておくと、より効果的です。上記の問題だと、「供託した場合」「届出必要」という部分です。

　あとは、これを**繰り返し読むだけ**です。この方法は、実際に平井が行政書士試験に合格したときに使っていた方法です。生徒さんや YouTube の視聴者さんにもご紹介して、多くの方にご好評いただいています。

　ただし、メリットとデメリットがありますので、それらの特徴を踏まえたうえでご活用ください。

メリット❶　圧倒的な時間短縮

　まずは、**圧倒的な時間短縮**が可能となります。問題を解くのではなくて読むだけですからね。繰り返し行っていけば、10倍速で過去問を見ることも可能です。

メリット❷　出題傾向が一目でわかる

　近年の宅建試験においては、**限られた時間のなかでキーワードを正確に見抜くスキル**が要求されます。この方法を使えば、この技術が飛躍的に向上します。

　先ほどの問題では、「供託した場合」「届出必要」、この2か所にマークをしました。実は、**この2つのキーワードだけで正誤判定ができる**のです。

　「供託をしたら、届出が必要だったな。ということは、届け出る必要はないというのは誤りだ！」、このように、出題パターンを瞬時に把握することができます。これを意識しておけば、「問題文のどこに着目するべきか」ということもわかってきます。

メリット❸　どこでも問題に触れられる

　問題演習と聞くと、机に向かって、問題集とノートを広げて勉強するイメージが強いと思います。しかし、場所も時間も限られてしまいますよね。

この方法を用いれば、**電車に乗っているときや、ちょっとしたすき間時間で問題に触れることができます**。

このように、多くのメリットがある一方で、相応のデメリットも存在します。

デメリット❶ 繰り返し問題が解けなくなる

問題文に書き込んでしまうため、**再度、問題を解くことができません**。もう一冊問題集を用意すれば解決しますが、それも負担が大きいですね。

デメリット❷ キーワードを間違えると効果半減

正誤判定の決め手となるキーワードにマークをしたり、誤った記述にバツをつけるのがこの勉強法です。このことから、**理解が不十分な項目でこの勉強法を用いても、あまり効果がありません**。

ある程度理解ができている項目でしか活用できないという点で、デメリットとなります。

以上のように、メリットとデメリットの差が大きい方法ですが、トータルで考えればかなりおすすめの勉強法です。「時間がない」「キーワードを見つけられない」という方には、特におすすめの方法です。

「人に解説」勉強法

　知識の確認という点で最も効率的な方法が、**人に解説をする**という方法です。学習した内容を、誰かに説明してみるのです。このとき、**「わかりやすく説明する」**ことがポイントです。

　人にわかりやすく説明するためには、自分がその項目を理解していることが大前提です。したがって、**もし上手く説明できなかったら、理解が不十分**ということを意味します。自分がその項目を理解できているかどうかがわかる、それがこの勉強法のいいところです。

　さらに、わかりやすく説明することで、インプットした知識を自分のものにできます。勉強した内容を自分の言葉で説明するため、**正真正銘の理解**につながっていくのです。

　ご家族や友人に向けて解説をするのもいいですし、スマホの音声アプリに録音する方法もあります。

　さらには、スマホアプリのなかに、音声を録音してそれを配信できるものがあります。こういったアプリでは、不特定多数の人間に対して発信することとなるため、著作権などに気をつけなければなりませんが、それさえ注意すれば、ほどよい緊張感をもって解説ができます。

　ブログや Twitter などを使ったことがある方は、ぜひ使ってみてください。

「問題作成」勉強法

　平井は予備校からの依頼で、模試や問題集の問題を作ることがあります。はじめのころは問題の作り方がわからず、似たような問題を見つけてきては、表現を微妙に変えるだけで納品していました。

　しかしあるとき、その問題が本試験で見事、的中したのです。過去に出題された問題の**結論を逆にしただけ**だったのですが、ほぼ同じ表現で出題されました。

　その後、問題を分析すればするほど、**「実は表現の仕方ってそんなに多くないんだ」**ということに気づきました。それもそのはず、**条文の数は無限ではないから**です。

　また、**試験委員は過去に実施された試験のデータを基に問題を作っています**。そのため、過去の傾向とかけ離れた問題はあまり作成しません。このように、**問題を作る側の視点で考える**と、また違った景色が見えてきます。

　そこで、**自分で問題を作ってみる**のはどうでしょうか?これが、**問題作成勉強法**です。

　問題を作るといっても、難しく考える必要はありません。過去に出題された「バツの選択肢」を「マルの選択肢」に変えるだけです。

　実際に、本試験で出題された問題を例に、やり方をご紹介します。

令和2年（10月実施）問38を基に作成した問題

　宅地建物取引業者Aが、BからB所有の甲住宅の売却に係る媒介の依頼を受けて締結する一般媒介契約に関する次の記述のうち、宅地建物取引業法（以下この問において「法」という。）の規定によれば、正しいものはどれか。

選択肢1

　Aは、法第34条の2第1項の規定に基づき交付すべき書面に、**宅地建物取引士をして**記名押印させなければならない。

答え：×

「第34条の2第1項の規定に基づき交付すべき書面」とは、媒介契約書のことです。媒介契約書は、宅建業者が記名押印するものであるため、「宅地建物取引士をして」記名押印させるという記述は誤りです。

　では、この「バツの選択肢」を「マルの選択肢」に変えてみましょう。

選択肢1

　法第34条の2第1項の規定に基づき交付すべき書面には、**A**が記名押印しなければならない。

答え：○

これだけで、マルの選択肢が出来上がりました。この勉強法を使えば、**「試験委員がどのようにバツの選択肢を作るのか」** がわかってきます。これはとても大きいことで、**問題を解くとき、どこに着目すれば良いかがわかる**のです。

　また、問題を作るために、**出題パターンやひっかけパターンを意識**することになります。その結果、**試験傾向がわかってくる**ため、効率的な学習につながります。

　さらに、この方法のいいところは、「表現が変わっても得点できる」ことです。正誤判定の決め手となるポイントがわかってくるので、本試験で違う表現で出題された場合でも、冷静に対応することができます。

　少し時間がかかってしまう方法ですが、効果は絶大です。気分転換に行ってみてはいかがでしょうか。

実物参照法

　勉強を進めていくなかで、「イメージできない」という項目が出てきたら、実物を参照するのがおすすめです。本書の4章に**「試験に出る書類の実物」**を掲載していますが、これは「実物を見るとイメージしやすくなるから」です。

　たとえば、「宅建業の免許申請書」や「変更届」など、テキストで学習するとイメージできないものでも、実物を見ると一気に身近になることがあります。

　特に宅建業法は、不動産業界の憲法です。根本的なルールはすべて宅建業法に書いてあるため、この法律に基づいて実務を行っています。

　たとえば、あなたが試験に合格して宅建士登録をした場合、登録情報に変更があったら「変更の登録」をしなければなりません。これを怠ると、宅建業法違反となります。

　このように、現実世界に置き換えて考えるだけで、自分のこととして学習を進めていくことができます。知識の定着度も格段に上がるので、ぜひ意識してみてください。

24点、30点、36点 合格のための3つの壁の越え方

　試験勉強の一環として、特に直前期には模擬試験を受けるようになると思います。

　すると、3つの壁にぶつかることがあります。

「24点の壁」「30点の壁」「36点の壁」の3つです。

　これらを突破しなければ、合格に辿り着くことはできません。

　壁にはそれぞれの特色があり、攻略法も異なります。

　模擬試験結果などを参考に、自分が今どの壁と対峙しているのか、状況に合わせた対策を立てていきましょう。

1　24点の壁の越え方

　最初の壁は「24点の壁」です。

　この最初の壁を越えるには、**基礎力をしっかりと身につけること**が大切です。

　そのためには、ある程度の勉強時間が必要となります。24点の壁を越えられない方は、まず自身の勉強時間を振り返ってみてください。「合格のために必要な勉強時間」よりも圧倒的に少ない場合には、基礎的な勉強時間が足りていないかもしれません。

　また、理解度も見直してみましょう。正解した問題の中に、「なんとなく」で解答を選んだものはありませんか？

　なんとなく正解した問題は、次には不正解となる確率が非常に高いです。

　誤りの選択肢であれば、どこが誤りなのかを自分の言葉で説明できるレベルを目指してください。**理由を説明できなければ、理解できているとは言えません。**ですから、問題演習のときには、きちんと理由をつけてから解答するようにしましょう。

　さらに、**24点以上得点できないということは、とるべきところで失点してしまっている**ということを意味します。

　前述した「絶対にとるべきカテゴリー」を確実に得点できるレベルにまで高めれば、それだけで14点稼げる計算になります。

　ですから、もしこのカテゴリー内で失点してしまっているようなら、最優先で克服していきましょう。

　「長所を伸ばすより、まずは短所をなくす」

　これをモットーに、きちんと自身の弱点と向き合っていきましょう。

★「24点の壁」を越えるためのチェックポイント

・勉強時間は足りているか

・理由づけを行いながら問題演習をしているか

・絶対にとるべきカテゴリーで落としているものはないか

・苦手のままにしている論点はないか

---

2 30点の壁の越え方

　次なる壁は「30点の壁」です。

「24点の壁」を突破できているということは、基礎力はおおよそ身についていると考えられます。これは最低限、戦う準備は整っているということです。

　ですから、ここからは現状を維持しながら、さらに得点を伸ばしていく必要があります。

「現状を維持しながら」とわざわざ書いたのは、「油断大敵である」ということをお伝えするためです。

「基本的な勉強時間」「理由づけを行いながらの演習」「弱点克服」──これら「24点の壁」を越えるポイントは、引き続き継続が必要です。

　いわゆる中だるみ状態にならないよう、注意しながら勉強に臨みましょう。

　さて、「30点の壁」を越えるために新しく気をつけてほしいポイントに、まず**「自身の思考パターン」**が挙げられます。

　繰り返し問題を解いていく中で、何度も間違えてしまっている問題があるはずです。

　間違えた問題は、解説を見れば、そのときには理解できるでしょう。ただ宅建試験は範囲が広いため、他の分野の問題を解いてから再度間違えた問題に戻ってきたときに、また同じところで間違えてしまうということが多々起こります。

「自身の思考パターン」というものがあるために、どうしても

また間違った道筋を辿ってしまうのです。

　これを克服するためには、思考パターンそのものを変えなければなりません。

「思考パターンなんて、どうすれば変えられるの？」

とお思いでしょうが、その方法は実に地道です。

　自分がその答えを導き出すまでの思考過程を冷静に分析し、思い違いを起こした分岐点を把握します。そして分岐点に関わる知識を深め、正確な考え方の道筋をインプットし直すのです。

　これには、どうしても時間がかかるでしょう。そもそもこういったエラーを減らすためにも、日頃から理由づけを徹底し、自分の言葉で説明できるレベルにまで高めていってください。

　また、「この事案の場合は○」と、反射的に問題を解いてしまっていないかも確認する必要があります。

　ひっかけポイントを意識せずに、「他の問題で、この事案は正解だった」と安易に結論づけてしまうと、少しでも事案を変えられてしまったときに得点できなくなってしまいます。

　わかったつもりになっている論点ほど危ないので、安定して得点できない分野については、再度正確なインプットを心がけていきましょう。

　さらに**「消去法に頼りすぎていないか」**という点にも注意が必要です。

　「宅建試験の本質は間違いさがしである」と前述しましたが、

それは〇を〇と判断するスキルをおざなりにしていいということではありません。

　本試験では消去法を使って問題を解いていくことにはなりますが、**日頃から消去法で問題演習をしてしまうと、知識の正確性を上げることができない**のです。

　たとえば、同じ問題を何度も解いていくうちに、正しい選択肢を覚えてしまうことがあります。採点上では正解していますが、それで果たしてその問題をマスターしたと言えるのでしょうか？　他の選択肢をなぜ選ばなかったのか、その理由がおろそかになってはいないでしょうか？

　これは過去問に慣れた頃にこそ落ちやすい、実に危険な落とし穴なのです。

　過去問も無限にあるわけではないですから、選択肢一つひとつが貴重な資料です。これを活用しないなんて、とてももったいないこと。

　「正解したからいいや」と読み飛ばすのはやめて、すべての選択肢にきちんと理由づけをしていくことが重要です。そのうえで正誤判定をして、知識の正確性を深めていってほしいのです。

　問題の形式が「正しいものはどれか」であろうが、「誤っているものはどれか」であろうが、関係ありません。日頃の演習では一つひとつの選択肢とていねいに向き合うことが、安定した得点につながっていくのです。

　「30点の壁」を越えるのにおすすめの勉強法は、**間違えた**

ところをノートなどにまとめておくこと。

　どこでどう失点したかを記すことで、自身の「だまされポイント」が浮き彫りになっていきます。そうするとその論点が出題されたときに、警戒しながら問題文を読むことができるようになるのです。

　スマートフォンをお持ちの方は、メモ帳アプリをおおいに活用してください。移動中などに気軽に読み返すことができますから、反復練習となってかなり力がついていきます。

★30点の壁を越えるためのチェックポイント

・何度も間違えてしまう問題の分析ができているか

・日頃、消去法で問題を解いていないか

・すべての選択肢に向き合っているか

・間違えたところを整理するツールを用意しているか

---

③　36点の壁の越え方

　最後の難関は「36点の壁」です。

　これを越えるためには、とにかく知識の正確性を上げていかなければなりません。

　30点以上得点できていますから、知識の量としては問題ない状態だと考えていいでしょう。**あとはいかに正確に選択肢を切れるかどうかの勝負**となっていきます。

　極限まで知識の正確性を高めていきましょう。

そのために、まずは精神論として、**自身への甘えは捨てましょう**。自分に厳しく、点数はもちろんのこと、解答に至った経緯などを今一度見つめ直していただきたいのです。

　結果的に正解できた問題であっても、少しでも迷ってしまった問題については、要注意と考えてください。

「結果的に正解しているんだからいいや。次に行ってしまえ」

　今まで、こんな考えでテキストのページをめくったことはありませんか？

　もしこれが仕事上のことだったら、一歩間違えば大問題となるような事態を「いいや」と看過することはできませんよね。やはり早急に改善しなければなりません。

「今回はたまたまどうにかなったけど危なかった。二度と同じような事態には陥らないようにしよう」

　試験勉強にも、このような心持ちで臨んでいきましょう。

　また、迷った結果、失点した問題もあるはずです。

　その中でも、**「二択まで絞ったのに間違えてしまった問題」こそ実力を伸ばすカギ**となりますので、なぜ間違えたのかを冷静に分析してみてください。

　仮にそれが何度も間違えている論点であれば、最優先で知識を固めなければなりません。

　二択まで絞ったのに間違えた場合、その問題が個数問題でない限り、２つの大きなミスをしていると考えましょう。

　というのも、仮にミスがひとつだけなら、その問題は正解できていたはずだからです。

最短・最速で受かる！ 実際に受かった人のズル賢い勉強術

　4つの選択肢のうち、正しいものはどれかを選ばせる問題があったとしましょう。

　そのとき、選択肢①と②は切ることができたとします。

　残る選択肢③と④で悩んだ結果、③が正しいと判断したものの、残念ながら答えは④だったとしましょう。

　このとき、犯してしまったミスは次の2つです。

　・③を正と判断してしまったこと
　・④を誤と判断してしまったこと

　二択まで絞れたにもかかわらず間違えたのだとしたら、必ず上記2つのミスを同時に犯してしまっているのです。

　仮に「③も正しそうだけど、④のほうがどう考えても正しい」という迷い方をしていれば、④が正解肢と決断できていたでしょう。

　繰り返しになりますが、**「36点の壁」を越えるために必要なことは「甘えを捨てること」**です。

　些細(ささい)に見えるエラーを、どれくらい突き詰めて考えられるか。これこそが合格できるかどうかの違いだと考えてください。

　また、自分の苦手なところを把握しきれていない可能性もあります。自分ではマスターしていると思っていたところでも、分析してみると意外に苦手だったというケースが実は多いのです。

「自身の思考パターン」を把握して、どのような場合に間違えやすい傾向にあるかを知ることで、「36点の壁」を突破することができるはずです。

　もちろん、「絶対にとるべきカテゴリー」での失点がいまだにあるならば、致命的なミスととらえ、「もう二度と間違えない」という意気込みで復習をしていきましょう。

　本書で紹介しているテクニックやひっかけパターンも、再確認していただきたいところです。

　解説を見てもよくわからない、という問題はほとんどない状態だと思いますので、「ひっかけを見抜く力」も高めやすい時期です。

　ひっかけパターンを今一度記憶の表層に呼び起こすためにも、本書をぜひ復習に活用してください。

　問題を読んで「あ、これはあのパターン！」とすんなり当てはめることができたら、実に気分が爽快になりますよ。

★36点の壁を越えるためのチェックポイント

・「迷ったけど正解したからいい」という甘えはないか

・二択まで絞って間違えた問題を正確に分析できているか

・自身の苦手なところを正確に把握できているか

・絶対にとるべきカテゴリーで落としているものはないか

・ひっかけパターンをインプットできているか

3章

あと5点を攻略する!

5W1H別・ ひっかけ問題集

- 「誰が」「誰に」ひっかけ
- 「なにを」ひっかけ
- 「いつ」ひっかけ
- 「どこで」ひっかけ
- 「どのように」ひっかけ
- 「数字」ひっかけ

宅建業法

問001 社会福祉法人が、高齢者の居住の安定確保に関する法律に規定するサービス付き高齢者向け住宅の貸借の媒介を反復継続して営む場合は、宅地建物取引業の免許を必要としない。

答え

問002 破産管財人が、破産財団の換価のために自ら売主となって、宅地又は建物の売却を反復継続して行う場合、破産管財人は免許を受ける必要はない。

答え

問003 破産管財人が、破産財団の換価のために自ら売主となって、宅地又は建物の売却を反復継続して行い、その媒介をEに依頼する場合、Eは免許を受けなければならない。

答え

解説

問001　答え　×

社会福祉法人であっても、**宅建業を営む場合には免許が必要**です。

問002　答え　○

この場合、**破産法に基づく行為として宅建業には該当しません**ので、破産管財人は免許を受ける必要はありません。

そもそも破産管財人は、破産した財産を売却して借金回収をはかることが仕事です。当然売却することが前提ですし、裁判所が選任するという点からも、免許を受ける必要はないとされています。

問003　答え　○

媒介業者Eはもちろん免許が必要です。

問題文に登場人物が、売主である破産管財人、媒介業者E、買主の3人いることに気づけたでしょうか。

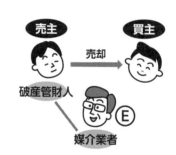

たしかに、**破産管財人は免許不要**です。もっとも、その間にはいる媒介業者Eは、免許をとらないといけません。誰について問われているのかを冷静に読み取っていきましょう。

問004　G社（甲県知事免許）は、H社（国土交通大臣免許）に吸収合併され、消滅した。この場合、H社を代表する役員Iは、当該合併の日から30日以内にG社が消滅したことを国土交通大臣に届け出なければならない。

答え

問005　宅地建物取引業を営もうとする者は、株式会社の監査等に関する商法の特例に関する法律に規定する大会社の場合においては、国土交通大臣の免許を受けなければならない。

答え

問006　信託業法第3条の免許を受けた信託会社から依頼を受けて、宅地の売却の媒介を業として営む者は、免許を必要としない。

答え

問007　法人である宅地建物取引業者A（甲県知事免許）が解散した場合、B社の代表役員は、その日から30日以内に、その旨を甲県知事に届け出なければならない。

答え

解説

問004　答え　×

吸収された側の元社長が届け出ます。

　G社がH社に飲み込まれて消滅した場合、G社の代表役員であった者が、G社の廃業等の届出をすることとなります。

問005　答え　×

すべての事務所がひとつの都道府県内にある場合には、知事免許となりますし、**複数の都道府県に事務所があるなら大臣免許**です。大会社であるかは関係ありません。

問006　答え　×

　信託会社は免許不要ですが、**信託会社から依頼を受けて宅建業を営む者は免許をとらなければなりません**。「誰」について問われているのかを正確に読み取っていきましょう。

問007　答え　×

　会社が自主解散をしたケースです。この場合の届け出は代表役員ではなく、解散に伴い選任された清算人が行います。

問 008 宅地建物取引業に係る営業に関し成年者と同一の行為能力を有しない未成年者は、資格試験に合格をし、実務経験が2年以上ある場合であっても、宅地建物取引士になることができない。

答え

解説

問008　答え　○

　成年者と同一の行為能力を有しない未成年者は、宅建士登録の欠格事由に該当します。つまり、**宅建士にはなれません**。

　もちろん、成年者と同一の行為能力を有する未成年者であれば、宅建士になれます。親に「同意書」を書いてもらうだけで、「有する未成年者」になれるため、その場合には宅建士登録ができます。

　なお、**免許の規定と混同しやすい**ところなので気を付けてください。成年者と同一の行為能力を有しない未成年者が免許を受ける場合、親へのダブルチェックが入ります。未成年者自身と親をチェックして、問題がなければ免許をもらうことができます。

成年者と同一の行為能力を有しない未成年者

宅建士登録	不可
免許	本人と親が問題なければ、OK

　また、2022年の民法改正により、成人年齢が18歳に引き下げられました。18歳になれば成人です、未成年者ではなくなりますので、注意してください。

問 009 乙県知事から宅地建物取引士証の交付を受けている宅地建物取引士が、宅地建物取引士証の有効期間の更新を受けようとするときは、乙県知事に申請し、その申請前6月以内に行われる国土交通大臣の指定する講習を受講しなければならない。

答え ☐

問 010 宅地建物取引士資格試験に合格した者で、宅地建物の取引に関し2年以上の実務経験を有するもの、または都道府県知事がその実務経験を有するものと同等以上の能力を有すると認めた者は、法第18条第1項の登録を受けることができる。

答え ☐

問 011 甲県知事の宅地建物取引士資格登録を受けているAについて破産手続開始の決定があった場合、その日から30日以内に、破産管財人は甲県知事にその旨の届出をしなければならない。

答え ☐

問 012 甲県知事の登録を受けている宅地建物取引士Bは、乙県内に本店がある宅地建物取引業者A社(国土交通大臣免許)に勤務している。Bが丙県知事から事務の禁止の処分を受けた場合、速やかに、宅地建物取引士証を国土交通大臣に提出しなければならない。

答え ☐

解説

問 009　　答え　×

宅建士証を受け取るときに受講する**法定講習は、都道府県知事の講習**です。

問 010　　答え　×

都道府県知事ではなく、**国土交通大臣が実務経験を有するものと同等以上の能力を有すると認めた者**です。登録実務講習は大臣の講習です。

問 011　　答え　×

個人事業主として仕事をしている宅建士が破産した場合は、破産管財人ではなく本人が届出をします。

事由	届出義務者
宅建業者が破産	**破産管財人**
宅建士が破産	**宅建士本人**

ただし、宅建業者が破産した場合は、破産管財人が届出をします。この2つの違いを覚えておきましょう。

問 012　　答え　×

事務禁止処分を受けた宅建士は、**宅建士証をその交付を受けた都道府県知事に提出**しなければなりません。

本問の場合、Bさんは甲県知事の登録を受けていることから、宅建士証は甲県知事から交付を受けていることがわかります。したがって、甲県知事に提出することとなります。

問 013 宅地の売買の媒介を行う場合、法第 35 条に規定する重要事項について、売主及び買主に対して、書面を交付して説明しなければならない。 答え □

問 014 宅地建物取引業者Aは、宅地建物取引業の規定に基づき営業保証金を供託して営業している。Aとの取引により生じた内装工事業者の工事代金債権について、当該内装工事業者は、Aが供託している営業保証金から、その弁済を受ける権利を有しない。 答え □

問 015 宅地建物取引業者は、新たに保証協会に社員として加入したときは、ただちに、その旨を当該宅地建物取引業者が免許を受けた国土交通大臣又は都道府県知事に報告しなければならない。 答え □

問 016 宅地建物取引業者A社（甲県知事免許）がマンション（700 戸）を分譲するにあたり、宅地建物取引業者B社にマンションの販売代理を一括して依頼する場合、B社が設置する案内所について、A社は法 50 条第2項の規定に基づく届出を行わなければならない。 答え □

問 017 建物の売買において、売主及び買主が宅地建物取引業者である場合、売主は買主に対し、法第 35 条の2に規定する供託所等の説明をする必要はない。 答え □

解説

問013　答え　×

重要事項説明（重説）は買うかどうかの最終確認であるため、**買主に対して**行います。売主に対しては不要です。

問014　答え　○

営業保証金の還付を受けられるのは、**宅建業に関する取引により生じた債権を有する者（宅建業者を除く）**です。工事業者は還付を受けることはできません。

問015　答え　×

宅建業者ではなく、「うちにこんな業者が入ったよ」と**保証協会が報告**をします。

問016　答え　×

案内所の届出（50条2項の届出）は、案内所を設置する宅建業者が行います。問題文に「B社が設置する案内所」とあるため、B社が50条2項の届出を行います。

問017　答え　○

宅建業者同士の取引の場合、供託所等に関する説明をする必要はありません。

問 018 宅地建物取引業者AがBから自己所有の宅地の売買の媒介を依頼され、Bとの間で専任媒介契約を締結した場合、Aは、宅地建物取引士に法第34条の2第1項の規定に基づき交付すべき書面に、当該宅地建物取引士をして記名押印させなければならない。

答え ☐

問 019 宅地建物取引業者Cが宅地の売却の媒介を行う場合、当該宅地を購入しようとする者が宅地建物取引業者であるときは、宅地建物取引業者Cは、売買契約が成立するまでの間に重要事項を記載した書面の内容を宅地建物取引士に説明させなければならないが、その書面を交付する必要はない。

答え ☐

問 020 法第37条の規定に基づく契約の内容を記載した書面に記名する宅建士は、法第35条の規定に基づく重要事項を記載した書面に記名した宅地建物取引士と同じ者である必要はない。

答え ☐

問 021 宅地建物取引業者Aが、自ら売主として宅地建物取引業者である買主Bとの間で建築工事完了前の建物（代金5000万円）の売買契約を締結した場合、法第41条に規定する手付金等の保全措置を講じることなく、当該建物の引渡前に2000万円を手付金として受領することができる。

答え ☐

解説

問018　答え　×

　媒介契約書に**記名・押印するのは宅建業者**です。宅建士の記名・押印の必要はありません。宅建士の印鑑ではなく、会社の印鑑を押すということです。

問019　答え　×

　重要事項説明の**相手方が宅建業者であるときには、重要事項説明を省略できます。ただし、書面の交付を省略することはできません。**

問020　答え　○

　35条書面と37条書面に記名する宅建士は、**別人でも問題ありません。**もちろん、宅建士であれば、です。

問021　答え　○

　自ら売主となる場合の8種類の制限は、**買主が宅建業者のときには適用されません。**本問の場合、買主が宅建業者であるため、手付金等の保全措置の規定や手付金の額の制限に関する規定は適用されません。「買主が宅建業者」ひっかけは毎年出題されていますので、注意深く問題文を読み解いていきましょう。

法令上の制限

都市計画法

問022 地区計画の区域のうち地区整備計画が定められている区域内において、建築物の建築等の行為を行おうとする者は、原則として、当該行為に着手する日の30日前までに、行為の種類、場所等を都道府県知事に届け出なければならない。

答え

問023 市町村は、都市計画を決定しようとするときは、あらかじめ都道府県知事に協議をしなければならないが、その際、市は知事の同意を得る必要はなく、町村は同意を得る必要がある。

答え

問024 市町村が定めた都市計画が、都道府県が定めた都市計画と抵触するときは、その限りにおいて、都道府県が定めた都市計画が優先する。

答え

問025 都市計画施設の区域または市街地開発事業の施行区域において建築物の建築をしようとする者は、一定の場合を除き、市町村長の許可を受けなければならない。

答え

解説

問022　答え　×

　都道府県知事に対してではなく、**市町村長に届出**をします。
　地区計画とは、地域密着型のコンパクトな再開発のことです。そのため知事ではなく、より地域に根ざした市町村長に対して届け出ることになっています。

問023　答え　×

　あくまで条文上の話ではありますが、市町村は知事と協議をしておけば、仮に同意を得られなくても都市計画を決めていいことになっています。
　以前は町村に限って県知事の同意が必要でしたが、2020年6月10日施行の法改正で、町村も知事同意が不要となりました。

問024　答え　○

　この場合、**都道府県が定めた都市計画が優先**します。都道府県のほうが、より広域的な視点に立っているからです。

問025　答え　×

　市町村長ではなく、**都道府県知事の許可**です。
　都市計画法は出題のほとんどが「知事の許可」となっています。惑わされないようにしましょう。

問 026　2以上の都道府県にまたがる開発行為を行おうと
する場合、国土交通大臣の許可を受けなければならない。

答え □

問 027　開発許可を受けた開発行為により公共施設が設
置された場合、他の法律に基づく管理者が別にあるとき又
は協議により管理者について別段の定めをしたときを除き、
その公共施設の存する都道府県が管理することとされている。

答え □

国土利用計画法

問 028　国土利用計画法第 23 条の届出（事後届出）は、
市町村長に届け出ることとされている。

答え □

問 029　市街化区域においてAが所有する面積 3,000㎡
の土地について、B が購入した場合、A 及び B は事後届出
を行わなければならない。

答え □

解説

問 026　　答え　×

開発許可は、都道府県知事が出します。県をまたいだとしても、結論は変わりません。

問 027　　答え　×

公共施設は、原則**市町村が管理**します。

ちなみに、「他の法律に基づく管理者が別にあるとき」とは、たとえば道路法という法律には「国道は国が管理する」という規定がありますが、このときには市町村ではなく国が管理するという意味です。

問 028　　答え　×

事後届出は、市町村長を経由して、**都道府県知事に届け出る**こととされています。

問 029　　答え　×

事後届出をするのは、権利取得者です。土地を新しく手に入れた人が届出をするということです。したがって、Bが届出をすることとなります。Aは届出をする必要はありません。

土地区画整理法

問030 施行者は、施行地区内の宅地について換地処分を行うため、換地計画を定めなければならない。この場合において、当該施行者が土地区画整理組合であるときは、その換地計画について市町村長の認可を受けなければならない。

答え [　　]

問031 施行者が国土交通大臣のときは、換地計画について都道府県知事の認可を受ける必要はない。

答え [　　]

問032 土地区画整理組合は、仮換地を指定しようとする場合においては、あらかじめ、その指定について、土地区画整理審議会の意見を聴かなければならない。

答え [　　]

問033 仮換地の指定を受けた場合、その処分により使用し、又は収益することができる者のなくなった従前の宅地は、当該処分により当該宅地を使用し、又は収益することができる者のなくなった時から、換地処分の公告がある日までは、市町村が管理するものとされている。

答え [　　]

解説

問 030   答え ×

必要なのは都道府県知事の認可です。施行者が個人施行者や土地区画整理組合であるときは、その換地計画について都道府県知事の認可を受けなければなりません。

問 031   答え ○

換地計画について都道府県知事の認可を受けなければならないのは、施行者が都道府県・国土交通大臣以外のときです。

したがって、**国土交通大臣が施行者のときは、知事の認可を受ける必要はありません**。

問 032   答え ×

土地区画整理組合は、仮換地を指定しようとする場合においては、あらかじめ、その指定について、**総会等の同意を得なければなりません**。土地区画整理審議会の意見ではないので注意しましょう。

問 033   答え ×

市町村ではなく、**施行者が管理**します。

仮換地の場面というのは、全体としてはまだ工事が終わっていない状態ということです。そのため、現場を統括している施行者が管理したほうが都合がいいのです。

▎権利関係

━━━━━ **民法** ━━━━━

問 034 意思能力を欠く者がした法律行為は、取り消すことができる。

答え ☐

問 035 AがB所有の建物の売却についてBから代理権を授与されている場合、Aが、Bの名を示さずCと売買契約を締結した場合には、Cが売主はBであることを知っていても、売買契約はAC間で成立する。

答え ☐

問 036 AがBに対して有する貸金債権をCに譲渡した場合、CがBに対して通知をしたときには、Cは当該債権譲渡をBに対して対抗することができる。

答え ☐

解説

問 034　　答え　×

　意思能力を欠く者とは、判断能力に欠ける赤ちゃんや泥酔者、認知症の者などのこと。そうした者がした契約は、取り消すまでもなく初めから**「無効」**となります。

問 035　　答え　×

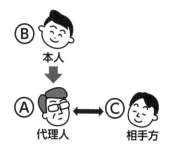

B　本人

A　代理人　C　相手方

　ＡＣ間ではなく、**BC間で契約が成立**します。

　代理人Ａが、「私は代理人です」と言い忘れてしまったケースです。この場合、相手方Ｃが「この人は代理人だな」と知っていた場合には、本人Ｂと相手方Ｃとの間で契約が成立します。

問 036　　答え　×

　Ｃからの通知ではなく、**Ａからの通知が必要**です。

　債務者の立場で考えてみてください。あなたがＡさんからお金を借りている状態で、Ｃさんから「債権が譲渡されたので、私に払ってください」と言われたら、「詐欺だ！」と思いますよね。ですから、債権の譲受人からではなく、譲渡人、つまり前の債権者からの通知が要求されるのです。

問 037 Bが、所有の意思をもって、平穏・公然・善意・無過失でA所有の甲土地を7年間占有しており、引き続き3年間Cに賃貸していた場合、Cは甲土地の取得時効を主張できない。

答え

問 038 AがBに対し弁済期にある貸金債権を有しており、BはAに対して身体の侵害による損害賠償債権を有している場合、Bは相殺の援用をすることができる。

答え

問 039 AがBに建物を賃貸している場合、通常の使用及び収益によって生じた賃借物の損耗がある場合、賃貸借が終了したときは、賃貸人Aが、その損傷を原状に復する義務を負う。

答え

解説

問037 **答え　○**

この場合、**Bは甲土地の取得時効を主張できます。**

もっとも、Cはこの土地を借りて使っているだけ。そのため、Cがこの土地を時効によって取得することはできません。

問038 **答え　○**

この場合、**Bは相殺できますが、Aから相殺することはできません。**

悪意による不法行為に基づく損害賠償の債務や、人の生命または身体の侵害による損害賠償債務の債務者から相殺をすることはできません。簡単に言えば、**加害者から相殺することはできない**ということです。

もっとも、債権者からの相殺はできます。要するに、**被害者から相殺することは可能**です。

問039 **答え　○**

通常損耗を負担するのは、賃貸人Aです。通常の使用については、借主は負担しなくてよいのが民法上の原則です。

問 040 Aが自己所有の甲建物をBに賃貸し、引渡しを済ませ、敷金 50 万円を受領している場合、Aが甲建物をCに譲渡し、所有権移転登記を経たときには、敷金が存在する限度においても、敷金返還債務はAからCに承継されない。

答え

問 041 Aが自己所有の甲建物をBに賃貸し、引渡しを済ませ、敷金 20 万円を受領している場合、BがAの承諾を得て賃借権をDに移転するとき、賃借権の移転合意だけでは、敷金返還請求権（敷金が存在する限度に限る）はBからDに承継されない。

答え

問 042 A には配偶者 B、B との子 C 及び D がおり、D には配偶者 E、E との子 F がいる。D が A に対して虐待をしていたため、A は D を廃除していた。この状態で A が死亡した場合、A の相続人となるのは、B・C・F である。

答え

解説

問040 　　答え　×

大家さんが変わったケースです。この場合、敷金は**新しい大家さんに引き継がれます**。

敷金は、賃貸借契約が終了した後に精算をして、余っていれば返ってくるお金です。新しい大家さんに引き継がれていないと精算ができないため、承継される扱いとなっています。

問041 　　答え　○

借主が変わったケースでは、敷金は新しい借主に承継されません。新しい借主がちゃんと自分で敷金を入れないといけないということですね。

問042 　　答え　○

廃除によってDは相続人になれませんが、Dの子であるFには「代襲相続」の権利が発生します。したがってFはDの代わりに相続できますから、Aの相続人となるのは、B・C・Fです。

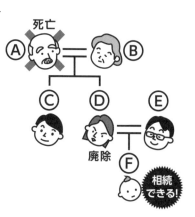

問043 Aには配偶者B、Bとの子C及びDがおり、Dには配偶者E、Eとの子Fがいたところ、Dは令和3年4月21日に死亡した。Aが令和3年10月21日に死亡した場合において、Aが生前、「A所有の全財産についてDに相続させる」旨の遺言をしていたとき、特段の事情がない限り、Fが代襲相続により、Aの全財産について相続する。

答え

問044 Aは未婚で子供がなく、父親Bと母親Cはすでに死亡している。AにはBとCの実子である弟Dがいる。Aがすべての財産を第三者Gに遺贈する旨の遺言を残して死亡した場合、DはGに対して遺留分侵害額に相当する金銭の支払を請求することはできない。

答え

問045 A社に雇用されているBが勤務中にA社所有の乗用車を運転していたところ、C社に雇用されているDが勤務中に運転するC社所有の乗用車と交通事故を起こし、歩いていたEに危害を加えた。A社・C社のいずれにも使用者責任が成立する場合において、A社がEに対して損害を賠償した場合、B・C社・Dいずれにも求償することができる。

答え

解説

問043　　答え　×

死んだ人への遺贈は基本的に無効です。

　本問の場合、遺言者Aが死亡したのが10月21日、Dが死亡したのは4月21日です。言い換えれば、Aが死亡した時点で、Dはもうこの世にいません。この世にいない人への遺贈なんて不可能なので、基本的にこの遺贈は効力を生じません。無効な以上、代襲相続ということもありえないため、Fが自動的に全財産を相続するという点が誤りです。

問044　　答え　○

兄弟姉妹は遺留分を有しません。

　したがって、弟Dは遺留分侵害額に相当する金銭の支払を請求することはできません。

問045　　答え　○

　A社が損害賠償をした場合には、従業員であるBだけでなく、C社やその従業員Dに対しても求償することができます。

　もちろん、求償額は信義則上相当な限度に限られますが、できる

できないで言えば、**全員に求償することができる**のです。

問 046　Aが自己所有の建物をBに賃貸していた場合、その建物の塀に瑕疵があり、その瑕疵により塀が倒壊し通行人Cがケガをしたときは、まずAが被害者であるCに対してその損害を賠償する責任を負うが、Aが損害の発生を防止するのに必要な注意をしたときは、実際に建物を使っていたBがその損害を賠償しなければならない。

答え

借地借家法

問 047　借地権者が賃借権の目的である土地の上の建物を第三者に譲渡しようとする場合において、その第三者が賃借権を取得しても借地権設定者に不利となるおそれがないにもかかわらず、借地権設定者がその賃借権の譲渡を承諾しないときは、裁判所は、借地権者の申立てにより、借地権設定者の承諾に代わる許可を与えることができる。

答え

解 説

問046 　答え　×

順番が逆です。まず占有者であるBが責任を負いますが、必要な注意をしていたときには責任を免れます。

この場合には、所有者であるAが責任を負うこととなります。

問047 　答え　○

裁判所に申し立てるのは**第三者ではなく、借地権者**です。

問題文に、「借地権者が・・建物を第三者に譲渡しようとする場合」とあります。これから建物を譲渡しようとしていることから、この段階では、**まだ建物の所有者は借地権者**です。

建物を譲渡しようとしている　第三者
土地賃貸
地主（借地権設定者）　借地権者

第三者は、この家を譲り受けようとしているにすぎず、まだ所有権を持っているわけではないため、赤の他人です。

ですから、**裁判所に申し立てることができるのは、建物所有者である借地権者**となります。第三者ではありません。

POINT

「誰が」建物の所有者なのかを見極めましょう！

問 048 第三者が賃借権の目的である土地の上の建物を取得した場合において、借地権設定者が賃借権の譲渡又は転貸を承諾しないときは、借地権者は、借地権設定者に対し、建物を時価で買い取るべきことを請求することができる。

答え

問 049 第三者Cが土地賃借権の目的である土地の上の建物を競売によって取得した場合、借地権設定者Bが土地賃借権の譲渡又は転貸を承諾しないときは、借地権者Aは、借地権設定者に対して、建物を買い取るよう請求することができる。

答え

解説

問 048　　答え ×

買取請求ができるのは、**借地権者ではなく第三者**です。

問047との違いをしっかり読み取ってください。問題文の冒頭に、「第三者が賃借権の目的である土地の上の建物を取得した」とあり、**建物の所有者はすでに、借地権者から第三者に移っています。**

そこで、「私の建物を買い取って」と言えるのは、当然所有者である第三者となります。借地権者はすでに建物の所有権を失っているため、「買い取って!」なんて言える立場ではありません。

問 049　　答え ×

誰が所有者かに着目して読むと、「第三者Cが……建物を競売によって取得した場合」と書いてあります。「取得した」ということは、所有者は第三者Cです。もはや借地権者Aは所有者ではありません。所有者でない者が「買取請求」なんてできるはずがないため、誤りの記述となります。

POINT

結局のところ、「建物の所有者」が権利を行使できることになります。

区分所有法

問 050 管理者は、区分所有者でなければならない。

答え ☐

問 051 共用部分の保存に関する行為は、規約に別段の定めがない限り、集会の決議を経ずに各共有者が単独ですることができる。

答え ☐

問 052 区分所有者の承諾を得て専有部分を占有する者は、会議の目的たる事項につき利害関係を有する場合には、集会に出席して議決権を行使することができる。

答え ☐

解説

問050　　答え　×

　管理者は、そのマンションの住人以外がなることもできます。実際に、マンションの管理会社が管理者となっている事例も存在します。

問051　　答え　○

　保存行為は単独で可能で、決議は不要です。

　たとえば、共用部分の窓ガラスが割れていた場合、発見した人が単独で直すことができます。集会の決議は不要です。

問052　　答え　×

　この場合、占有者は集会に出席して意見を述べることはできますが、**議決権を行使することはできません**。

　たとえば、ペット可の分譲マンションの1室を所有しているＡさんが、Ｂさんにこの部屋を賃貸していたとしましょう。Ｂさんはこの部屋でネコを飼っています。

　この状態で、「ペット不可」に規約を変更しようとするときには、Ｂさんは集会に出席して涙ながらに意見を述べることはできます。

　しかし、議決権、つまり票を持っているのはあくまでこの部屋の所有者であるＡさんです。なので、Ｂさんは投票をすることはできないのです。

宅建業法

問 053 都市計画法に規定する用途地域外の土地で、倉庫の用に供されているものは、法第2条第1号に規定する宅地に該当しない。

答え

問 054 Aの所有する商業ビルを賃借しているBが、フロアごとに不特定多数の者に反復継続して転貸する場合、AとBは宅地建物取引業の免許を受ける必要はない。

答え

問 055 多数の顧客から、顧客が所有している土地に住宅や商業用ビルなどの建物を建設することを請け負って、その対価を得ているA社は、宅地建物取引業の免許を受ける必要はない。

答え

解説

問053 ___ 答え ✕

建物の敷地は宅地です！ 建物の敷地に供されている土地は、たとえ用途地域外であっても宅地に該当します。倉庫は建物であるため、その下の土地は宅地に該当するのです。

問054 ___ 答え ◯

転貸も免許不要です！ 転貸とは、借りているものを貸すことです。**貸すという行為自体が宅建業ではない**ため、自分のものでも借りているものでも、貸すという行為に変わりはないため、どちらも免許はいりません。

問055 ___ 答え ◯

A社が行っているのは**建設業**です。したがって、宅建業の免許は必要ありません。

問 056 免許を受けようとするA社に、刑法第208条（暴行）の罪により拘留の刑に処せられた者が役員として在籍している場合、その刑の執行が終わってから5年を経過していなければ、A社は免許を受けることができない。

答え ☐

問 057 免許を受けようとするB社の取締役が、刑法第209条 (過失傷害) の罪により罰金の刑に処せられた場合、罰金を納めた日から5年を経過していなければ、B社は免許を受けることができない。

答え ☐

問 058 免許を受けようとするC社の代表取締役が、道路交通法違反により禁錮の刑に処せられ、その刑の執行が終わってから 5 年を経過していない場合、C 社は免許を受けることができない。

答え ☐

解説

問056　答え　×

　暴行の罪により拘留の刑に処せられた場合、欠格事由には該当しません。仮に、暴行の罪により罰金の刑に処せられていたら、罰金を納めた日から5年間欠格事由となっていました。拘留は罰金よりも軽いため、A社は免許を受けることができます。なお、禁錮・懲役の実刑をくらった場合ももちろん欠格事由となります。

問057　答え　×

　過失傷害罪と傷害罪は別物です。過失傷害の罪により罰金の刑に処せられたとしても、その取締役は欠格事由とはなりません。したがって、B社は免許を受けることができます。

問058　答え　○

　禁錮刑・懲役刑に処せられた場合には、犯罪に関係なく5年間欠格となります。
　刑法でも、道路交通法でも、禁錮以上の刑をくらってしまったら5年欠格です。

問 059 宅地建物取引業者A（甲県知事免許）が、免許の更新の申請を怠り、その有効期間が満了した場合、Aは、遅滞なく、甲県知事に免許証を返納しなければならない。

答え

問 060 宅地建物取引業者は、主たる事務所を移転したことにより、その最寄りの供託所が変更となった場合において、有価証券をもって営業保証金を供託しているときは、遅滞なく、費用を予納して、営業保証金を供託している供託所に対し、移転後の主たる事務所の最寄りの供託所への営業保証金の保管替えを請求しなければならない。

答え

問 061 宅地建物取引業者が保証協会に加入しようとするときは、当該保証協会に弁済業務保証金分担金を一定の有価証券をもって納付することは認められておらず、金銭で納付しなければならない。

答え

解説

問 059　　答え　×

　有効期間満了の場合、免許証を返納する**必要はありません**。

問 060　　答え　×

　保管替え請求は金銭のみで供託している場合です。
　本問のように有価証券を供託している場合、保管替え請求ではなく新たに供託をしなければなりません。何を供託しているのか、キーワードを意識して問題文を読んでいきましょう。

問 061　　答え　○

　供託所と異なり、**保証協会は現金しか受け付けてくれません**。有価証券での納付は認められていないのです。したがって、宅建業者が保証協会にお金を入れる際には、金銭で行う必要があります。

問062 法人である宅地建物取引業者A（甲県知事免許）は、役員の住所について変更があった場合、その日から30日以内に、その旨を甲県知事に届け出なければならない。

答え ☐

問063 甲県知事登録を受けている者が、甲県から乙県に住所を変更した場合は、甲県知事に対して、遅滞なく住所の変更の登録を申請しなければならない。

答え ☐

解説

問 062　　答え ×

役員の住所は宅建業者名簿には載っていません。

したがって、住所変更があったとしても、変更の届出は不要です。

問 063　　答え ○

住所は宅建士の資格登録簿に載っています。 したがって、住所変更があった場合、遅滞なく変更の登録を申請する必要があります。

問062の宅建業者の変更の届出と、本問の宅建士の変更の登録の混同を狙った問題は、過去何度も出題されています。

登載事項の比較（抜粋）

宅建業者名簿	宅建士資格登録簿
商号・名称	氏名
役員・使用人の氏名	住所
事務所ごとに置かれる専任の宅建士の氏名	宅建業者で働いている場合 勤務先の商号・名称、免許証番号
事務所の名称・所在地	本籍

宅建業者名簿は会社の情報、宅建士の資格登録簿はそこで働いている宅建士の情報と考えてください。

問 064 宅地建物取引業者の従業者である宅地建物取引士は、取引の関係者から事務所で従業者証明書の提示を求められたときは、この証明書に代えて従業者名簿または宅地建物取引士証を提示することで足りる。

答え ☐

問 065 宅地建物取引業者が、宅地及び建物の売買の媒介を行うに際し、媒介報酬について、買主の要望を受けて分割受領に応じることにより、契約の締結を誘引する行為は、法に違反しない。

答え ☐

問 066 宅地建物取引業者Aが、BからB所有の宅地の売却に係る媒介を依頼され、AがBと専任媒介契約を締結した場合、Aは、当該宅地の売買契約が成立したときは、遅滞なく、登録番号・契約当事者の氏名・売買契約の成立した年月日を指定流通機構に通知しなければならない。

答え ☐

問 067 宅地建物取引業者は、建物の貸借の媒介を行う場合、当該建物が既存の建物であるときは、設計図書、点検記録その他の建物の建築及び維持保全の状況に関する書類で国土交通省令で定めるものの保存の状況について、法35条に規定する重要事項として説明しなければならない。

答え ☐

解説

問 064   答え ×

　従業者証明書を見せてと言われているのですから、**従業者証明書を見せなければなりません**。違うものを見せても仕方がありませんから。

問 065   答え ○

　手付の分割払いはアウトですが、媒介報酬（仲介手数料のこと）の分割払いは宅建業法に違反しません。

問 066   答え ×

　買主の氏名は通知する必要がありません。

　宅建業者は、登録した宅地や建物の売買または交換の契約が成立したときは、遅滞なく、**①登録番号、②宅地建物の取引価格、③契約の成立した年月日を指定流通機構（レインズ）に通知**しなければなりません。

　買主の氏名を知ったところでレインズとしても意味がないため、通知する必要はないのです。

問 067   答え ×

　建物の貸借の場合、建物の建築及び維持保全の状況に関する書類の保存の状況を説明をする必要はありません。

　これらの書類は所有者には資産価値を示す大事な書類ですが、借主にとっては正直どうでもいいものだからです。

問 068 宅地建物取引業者は、建物の貸借の媒介を行う場合、建築基準法に規定する容積率及び建ぺい率に関する制限があるときは、その制限内容を法 35 条に規定する重要事項として説明しなければならない。

答え ☐

問 069 宅地建物取引業者は、建物の貸借の媒介を行う場合、私道に関する負担について法 35 条に規定する重要事項として説明しなければならない。

答え ☐

問 070 宅地建物取引業者は、宅地の売買の媒介を行う場合、当該宅地の引渡しの時期を、法 35 条に規定する重要事項として宅地建物取引士をして説明させる必要はない。

答え ☐

解説

問 068　答え　×

建物の貸借の場合、都市計画法・建築基準法に関する事項を説明する必要はありません。

すでに建っている建物を借りて住むわけですから、開発に関する法律である都市計画法は意味がありません。また、すでに家は建っているわけですから、建築基準法についての説明を受ける意味もないのです。

問 069　答え　×

建物の貸借の場合、私道負担に関する説明は不要です。

私道負担は、土地についての話であり、建物の借主には直接関係のあることではないからとされています。

問 070　答え　○

引渡しの時期は、契約書（37条書面）の記載事項です。

重要事項説明（重説）は商品案内のことです。法律の建前として、重説を聞いてから、買うかどうかの最終判断をすることとなっています（実際上は重説と契約締結を一連の流れでやってしまいますが……）。

つまり建前上、重説を聞いている段階では「まだ買うかどうか決まっていない」のです。決まっていないのに、引渡しの日程なんてわかりませんよね。したがって、重説をする必要はありません。

問 071 宅地建物取引業者は、建物の貸借の媒介を行う場合、借賃の額並びにその支払いの時期及び方法について、法 35 条に規定する重要事項として説明する必要はない。

答え ⬚

問 072 宅地建物取引業者は、区分所有建物の貸借の媒介を行う場合、当該一棟の建物及びその敷地の管理が委託されているときは、その委託を受けているものの氏名及び住所（法人の場合には、その商号又は名称及び主たる事務所の所在地）を法 35 条に規定する重要事項として説明しなければならない。

答え ⬚

問 073 宅地建物取引業者は、区分所有建物の貸借の媒介を行う場合、共用部分に関する規約の定め（その案を含む）があるときは、その内容を、法 35 条に規定する重要事項として説明しなければならない。

答え ⬚

解説

問 071　答え　〇

　借賃の額並びにその支払いの時期及び方法は、契約書（37条書面）の記載事項です。重要事項説明の内容とはされていません。

　貸借の場合、借賃以外に授受される金銭の額及び当該金銭の授受の目的については重説事項となっています。たとえば、敷金や礼金といったお金です。

　もっとも、本体価格である借賃については説明義務がありません。これは売買における代金でも同じです。代金や借賃については、わざわざ説明しなくても、さすがにお客さんはわかっているだろうというのが理由です。気になるお値段については、お客さんから聞いているでしょうから、義務づけるまでもないのです。

問 072　答え　〇

　管理会社の情報は貸借でも説明しなければなりません。「このような管理会社が管理していますよ」という情報は賃借人にとっても重要なので、貸借であっても説明しなければなりません。

問 073　答え　×

　マンションの貸借の場合、共用部分に関する規約の定めは説明する必要はありません。

問 074　宅地建物取引業者が媒介により既存建物の貸借の契約を成立させた場合、37条書面に、建物の構造耐力上主要な部分等の状況について当事者双方が確認した事項を記載する必要はない。

答え

問 075　宅地建物取引業者が媒介により建物の貸借の契約を成立させた場合、移転登記の申請時期を、37条書面に記載しなければならない。

答え

問 076　宅地建物取引業者が媒介により建物の売買の契約を成立させた場合、当該建物の上に存する登記された権利の種類及び内容並びに登記名義人又は登記簿の表題部に記録された所有者の氏名を、37条書面に記載しなければならない。

答え

問 077　宅建業者は、取引の関係者から請求があったときは、業務に関する帳簿をその者の閲覧に供しなければならない。

答え

解説

問074 答え ○

貸借の場合は記載不要です。建物の構造耐力上主要な部分等の状況について当事者双方が確認した事項については、貸借の場合、37条書面に記載する必要がありません。

これは、売買の代理・媒介を行ったときの記載事項です。

問075 答え ×

ここでいう移転登記というのは、「所有権移転登記」のことです。貸借をしたところで、所有者は変わりません。

つまり**所有権移転登記を申請することはあり得ない**ため、契約書に記載する必要がないのです。

問076 答え ×

これは重要事項説明の内容です。37条書面には記載する必要はありません。当該建物の上に存する**登記された権利**の種類及び内容並びに登記名義人又は登記簿の表題部に記録された所有者の氏名は**重要事項となってはいますが、37条書面の記載事項とはなっていません**。

問077 答え ×

帳簿は顧客の個人情報のオンパレードなので、**閲覧させてはいけません**。なお、従業者名簿には閲覧制度がありますので、比較しておきましょう。

問 078 当該宅地又は建物にかかる租税その他の公課の負担に関する定めがあるときは、法35条に規定する重要事項として説明しなければならず、37条書面にも記載しなければならない。

答え ☐

問 079 契約解除に関する定めがあるときは、法35条に規定する重要事項として説明しなければならず、37条書面にも記載しなければならない。

答え ☐

問 080 宅地建物取引業者が媒介により建物の貸借の契約を成立させた場合、借賃についての金銭の貸借のあっせんに関する定めがある場合においては、当該あっせんに係る金銭の貸借が成立しないときの措置を37条書面に記載しなければならない。

答え ☐

問 081 Aは、自ら所有している物件について、直接賃借人Bと賃貸借契約を締結するに当たり、法第35条に規定する重要事項の説明を行わなかった。この場合、Aは、甲県知事から業務停止を命じられることがある。

答え ☐

解説

問078　　答え　×

租税公課に関する定めがあるときは、37条書面に記載します。**重要事項説明は不要**です。

問079　　答え　○

契約の解除に関する定めがあるときは、重要事項として説明しなければならず、37条書面にも記載しなければなりません。**35条・37条共通の事項**ということです。

問080　　答え　×

ローンのあっせんは、貸借の場合は記載不要です。

金銭の貸借（ローン）のあっせんについては、売買の場合には37条書面の記載事項となっていますが、貸借の場合には記載不要です。なぜなら、貸借でローンのあっせんというのがあり得ないからです。

賃貸のためにローンを組まなくてはいけないようなら、おそらく入居審査に通らないからです。

問081　　答え　×

Aが何をしているのかに着目しましょう。Aは、自分の物件をBに賃貸しています。これは**そもそも、宅建業ではない**ですよね。したがって、重要事項説明をする必要はありませんし、業務停止処分を受けることもありません。

法令上の制限

都市計画法

問082 準都市計画区域について、無秩序な市街化を防止し、計画的な市街化を図るため必要があると認めるときは、都市計画に、市街化区域と市街化調整区域との区分を定めることができる。

答え□

問083 市街化調整区域において、野球場の建設を目的とした8000㎡の土地の区画形質の変更を行おうとする者は、あらかじめ、都道府県知事の許可を受けなければならない。

答え□

建築基準法

問084 文化財保護法の規定によって重要文化財として指定された建築物の大規模の修繕をしようとする場合は、建築確認を受ける必要がない。

答え□

問085 商業地域内で、かつ、防火地域内にある耐火建築物については、建築物の容積率制限は適用されない。

答え□

解説

問 082 　　答え ×

　区域区分は都市計画区域です。市街化区域と市街化調整区域との区分（区域区分）を定められるのは、都市計画区域においてです。**準都市計画区域には区域区分を定めることはできません。**

問 083 　　答え ×

　野球場は、10000㎡以上であれば開発行為に該当します。しかし、本問では8000㎡とあるため、そもそも開発行為ではありません。ただの土木工事ということです。

　開発許可とは、開発行為を行うときに必要となるものであるため、開発行為でない場合には不要です。**そもそもの開発行為の定義を今一度しっかりと確認しておきましょう。**

問 084 　　答え ○

　重要文化財や国宝に指定された建築物には、建築基準法は適用されません。もし適用されるなら、京都や奈良は違法建築物だらけになってしまいます。

問 085 　　答え ×

　容積率ではなく、**建蔽率制限は適用されません。**容積率と建ぺい率は混同しやすいので、注意が必要です。

国土利用計画法

問086 Bが行った事後届出に係る土地の利用目的について、都道府県知事が適正かつ合理的な土地利用を図るために必要な助言をした場合、Bがその助言に従わないときは、当該知事は、その旨及び助言の内容を公表することができる。

答え ▢

問087 Aが所有する都市計画区域外の15,000㎡の土地をBに贈与した場合、Bは事後届出を行う必要はない。

答え ▢

農地法

問088 相続により農地を取得することとなった場合、法第3条第1項の許可を受ける必要がある。

答え ▢

問089 耕作目的で原野を農地に転用しようとする場合、法第4条第1項の許可は不要である。

答え ▢

解説

問086　答え ×

助言を無視しても、その旨が公表されることはありません。**公表されることがあるのは、勧告に従わなかったとき**です。

助言と勧告は法律上別物なので、区別して考えましょう。

問087　答え 〇

土地の贈与を受けた場合、事後届出は必要ありません。

国土利用計画法は、転売による不動産バブルを防ぐ法律です。贈与や相続など対価なしで土地を取得しただけなら土地の値段が高騰する心配もなく、届出不要となっています。

問088　答え ×

相続の場合、農地法の許可は不要です。

問089　答え 〇

スタートが原野なので、許可は要りません。

農地法は、この国から農地が減るのを防ぐための法律なので、畑をつぶすときに許可を受ける必要があるのです。

しかし、本問のように原野を農地に転用する場合、農地は減らず、むしろ増えていますので、許可は不要なのです。

宅地造成等規制法

問090 宅地造成工事規制区域内において、宅地を宅地以外の土地にするための盛土であって、当該盛土を行う土地の面積が600㎡であり、かつ、高さが3mの崖を生ずることとなるものに関する工事については、都道府県知事の許可は必要ない。

答え

▌権利関係

民法

問091 Aが、A所有の甲土地にBから借り入れた 3000万円の担保として抵当権を設定した後、甲土地上の建物 が火災によって焼失してしまった場合、当該建物に火災保険が付されていたときでも、Bは、甲土地の抵当権に基づき、この火災保険契約に基づく損害保険金を請求することはできない。

答え

解説

問090　答え　○

「宅地以外の土地にするため」の工事は、宅地造成に該当しません。したがって、許可を受ける必要はありません。

「パン作り」という言葉で考えてください。パン以外のものを作る行為を、パン作りとは言いませんよね。それと同じで、宅地以外の土地を作る行為を宅地造成とは言わないのです。

問091　答え　○

　土地と建物は別物です！　本問では、**「甲土地に抵当権を設定」**とあります。**この状態で、建物の火災保険金に対して物 上 代位をすることはできません。**

　建物に抵当権を設定していればよかったのですが、Ｂはあくまで土地に抵当権を設定しただけで、建物についてはなんら権利を持っていないため、火災保険には手を出せません。

問 092 Bが敷地賃借権付建物をAから購入したところ、敷地の欠陥により擁壁に亀裂が生じて建物に危険が生じた場合、Bは、Aに対し建物売主の契約不適合責任を追及することができる。

答え

問 093 AB間で、Aを貸主、Bを借主として、A所有の甲建物につき賃貸借契約を締結した場合、Bが甲建物のAの負担に属する必要費を支出したときは、Aに対し直ちにその償還を請求することができる。

答え

問 094 AB間で、Aを貸主、Bを借主として、A所有の甲建物につき賃貸借契約を締結した場合、Bが甲建物について有益費を支出したときは、Aに対し直ちにその償還を請求することができる。

答え

解説

問092　答え　×

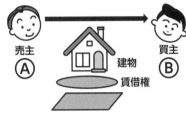

売主 Ⓐ → 建物 賃借権 買主 Ⓑ

Bが何を購入したのかに着目して考えます。BはAから「敷地賃借権付建物」を購入しています。**土地は購入していません**から、土地に問題があっても、売買の目的物である建物と賃借権に問題がなければ、売主に対して責任追及することはできません。自分が買っていない物にクレームはつけられないのです（最判平成3年4月2日）。

なおこの場合でも、Bは土地の貸主に対して、賃貸借契約に基づいて責任追及ができます。

問093　答え　○

必要費は、直ちに請求することができます。

本来、必要費は大家さんが負担するべきものなので、借主が支出したときには、すぐに償還請求することができます。

問094　答え　×

有益費は、賃貸借終了時に償還することとなっています。

たとえば、キッチンをシステムキッチンにグレードアップした場合の費用が有益費です。これは、契約終了時、つまり引っ越すときに償還手続きをすることとなります。

問 095 AがBに甲建物を賃貸し、BがAの承諾を得て甲建物をCに適法に転貸している場合、AがBとの間で甲建物の賃貸借契約を合意解除したとき、AはCに対して、Bとの合意解除に基づいて、当然に甲建物の明渡しを求めることができる。

答え ⬚

問 096 AがBに甲建物を賃貸し、BがAの承諾を得て甲建物をCに適法に転貸している場合、AがBの債務不履行を理由に甲建物の賃貸借契約を解除した場合、AはCに対して、甲建物の明渡しを求めることができない。

答え ⬚

解説

問095　答え　×

**合意解除では、転借人を
追い出すことはできません。**

転貸がなされているので、
今現在この建物を使ってい
るのはCです。それなのに、
**ABの2人だけで話を進めて
はいけません。** ちゃんとC
のことを考えてあげないと
いけないのです。

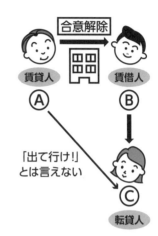

合意解除

賃貸人　Ⓐ　賃借人　Ⓑ

「出て行け！」
とは言えない

Ⓒ

転貸人

問096　答え　×

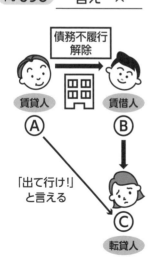

債務不履行
解除

賃貸人　Ⓐ　賃借人　Ⓑ

「出て行け！」
と言える

Ⓒ

転貸人

**債務不履行解除の場合に
は、転借人を追い出すこと
ができます。**

問題文の「Bの債務不履
行」とは、Bが家賃を払っ
ていないことを意味します。

もはや大本であるAB間
の信頼関係が崩壊している
ため、Cはかわいそうです
が、出て行かなくてはなら
ないのです。

問 097　Aが死亡し、相続人であるDとEにおいて、Aの唯一の資産である不動産をDが相続する旨の遺産分割協議が成立した場合、相続債務につき特に定めがなくても、Aが負う借入金返済債務のすべてをDが相続することになる。

答え ☐

借地借家法

問 098　Aが居住用の甲建物を所有する目的で、期間30年と定めてBから乙土地を賃借した場合、Aが地代を支払わなかったことを理由としてBが乙土地の賃貸借契約を解除した場合、Aは、Bに対し、建物を時価で買い取るべきことを請求することができる。

答え ☐

解説

問 097　　答え　×

　相続財産は大きく分けて２種類あります。**プラスの資産と
マイナスの資産**です。

　ＤＥは遺産分割協議によって、プラスの財産である不動産
をＤが相続することとしました。ですが、**マイナスの資産に
ついての結論は出ていません**。したがって、債務もすべて
Ｄが相続するとは言い切れません。

「何についての話し合いなのか」を読み取りましょう。

問 098　　答え　×

　債務不履行解除の場合、建物買取請求は認められません。

　建物買取請求は、借地権の存続期間が満了した場合にお
いて、契約の更新がないときに認められるものです。

　そもそも地代を払っていないのに「建物買い取れ」なん
てムシが良すぎますから。

問 099 Aから甲建物を賃借しているBが甲建物をCに転貸しようとする場合において、Cが転借をしてもAに不利となるおそれがないにもかかわらず、Aが転貸を承諾しないときは、裁判所は、Bの申立てにより、Aの承諾に代わる許可を与えることができる。

答え ⬚

問 100 借地権の当初の存続期間が満了する前に借地上の建物が滅失した場合、借地権者が借地権設定者の承諾なく無断で建物を再築した場合であっても、借地権設定者は、借地契約の解約の申し入れをすることはできない。

答え ⬚

解説

問 099　　答え　×

　借地と異なり、**借家の場合、裁判所に泣きつく制度はありません**。たしかに借地だと、地主が承諾をしてくれないときには裁判所に泣きついていいというルールがあるのですが、本問で**問題となっているのは建物**です。したがって、裁判所に泣きつくことは認められていません。

問 100　　答え　〇

　借地権の当初の存続期間が**満了する前**（まだ一度も更新をしていない状態）において、借地上の建物が滅失した場合には、**解約という言葉は出てきません**。

　一度でも更新をしたなら、無断で再築すると解約されてしまうのですが、本問はまだ当初の存続期間が満了する前です。

　この場合には、借地権設定者（地主さん）は、借地契約の解約の申し入れをすることができません。

問 101 事業用定期借地権が設定された借地上にある建物につき賃貸借契約を締結する場合、当該契約は公正証書によってしなければならない。

答え

解説

問101　　答え　×

問題となっているのがどの契約なのかを正確に読み取りましょう。

本問で問われているのは、「事業用定期借地権が設定された借地上にある建物」の賃貸借契約です。たしかに、事業用定期借地権自体は、公正証書でやらなくてはいけません。しかし、建物の賃貸借契約は、基本的に口頭でも成立します。

たとえば、Aの土地についてBが事業用定期借地権を設定する場合、公正証書によってしなければなりません。

もっとも、その土地上にある建物（例：ガソリンスタンドやコンビニなど）を賃貸する場合、普通の建物の賃貸借契約なので、公正証書で行う必要はありません。ＡＢ間の契約は公正証書が必要だけれど、ＢＣ間の契約は公正証書不要ということです。

「いつ」ひっかけ

宅建業法

....

問 102　Aの所有する商業ビルを賃借しているBが、フロアごとに不特定多数の者に反復継続して転貸する場合、AとBは免許を受ける必要はない。

答え □

問 103　免許を受けようとする株式会社K社に、刑法第204条（傷害）の罪を犯し懲役1年執行猶予2年の刑に処せられ、その刑の全部の執行猶予の期間を満了した者が役員として在籍している場合、その満了の日から5年を経過しなければ、K社は免許を受けることができない。

答え □

問 104　個人である宅建業者F（甲県知事免許）が死亡した場合、その相続人は、Fが死亡した日から30日以内に、その旨を甲県知事に届け出なければならない。

答え □

問 105　新たに宅地建物取引業を営もうとする者は、営業保証金を主たる事務所に供託した後に、国土交通大臣又は都道府県知事の免許を受けなければならない。

答え □

解説

問102　　答え　○

　転貸は免許不要です。転貸とは、借りているものを貸すこと。**貸すという行為自体が宅建業ではない**ため、自分のものでも借りているものでも、貸すという行為に変わりはないため、どちらも免許はいりません。

問103　　答え　×

　執行猶予期間が満了すれば、すぐに免許を受けることができます。実刑をくらって刑務所に入った場合には、出所したときから5年間欠格になります。ただ、執行猶予がつき、その期間が満了した場合には、5年縛りはありません。

問104　　答え　×

　死亡した日ではなく、**相続人が死亡の事実を知った日から30日以内**です。

問105　　答え　×

　免許を受けてから、営業保証金を供託します。実務的な話ですが、営業保証金を供託するときに、免許証番号を書かないと供託所はお金を受け取ってくれません。なので、免許を受けるのが先です。

　①免許を受けて、②供託をし、③その旨を免許権者に届出をして、④営業開始という順番を押さえておきましょう。

問 106 Aが、分譲マンションの購入を勧誘するに際し、うわさをもとに「3年後には間違いなく徒歩5分の距離に新しく私鉄の駅ができる」と告げたが、そのような計画はなかった場合、故意にだましたわけではないとしても、宅地建物取引業法に違反する。

答え

問 107 宅地建物取引業者で保証協会に加入しようとする者は、その加入の日から2週間以内に、弁済業務保証金分担金を保証協会に納付しなければならない。

答え

問 108 保証協会に加入している宅地建物取引業者（甲県知事免許）は、甲県の区域内に新たに支店を設置する場合、その日までに当該保証協会に追加の弁済業務保証金分担金を納付しないときは、社員の地位を失う。

答え

解説

問106　　答え　○

宅建業者は、勧誘の際、将来の環境・利便に関する断定的判断を提供する行為をしてはいけません。

故意にだましたわけではなかったとしても、**断定的判断を提供する行為自体がアウト**です。

問107　　答え　×

保証協会に加入しようとする宅建業者は、加入しようとする日までに弁済業務保証金分担金を保証協会に納付しなければなりません。

つまり、**前払い**です。

問108　　答え　×

新たに事務所を設置したときは、**その日から2週間以内にお金を納付**しなければなりません。

こちらは**後払い**です。

問107と比較して、覚えておきましょう。

問 109 都市計画法第 29 条第1項の許可を必要とする宅地について、Bが開発行為を行い貸主として貸借しようとする場合、宅地建物取引業者Aは、Bがその許可を受ける前であっても、Bの依頼により当該宅地の貸借の広告をすることができるが、当該宅地の貸借の媒介をすることはできない。

答え

問 110 宅地建物取引業者は、建築確認が必要とされる建物の建築に関する工事の完了前において、建築確認の申請中である場合は、その旨を表示すれば、自ら売主として当該建物を販売する旨の広告をすることができる。

答え

問 111 宅地建物取引業者は、宅地の売買の媒介を行う場合、宅地の買主に対して、当該宅地に関し、売買契約成立後遅滞なく、宅地建物取引士をして、法第 35 条に規定する重要事項を書面を交付して説明をさせなければならない。

答え

解説

問 109 答え ×

　開発許可を必要とする宅地の貸借については、**開発許可を受けた後でなければ、その宅地の広告はできません。**

　もっとも、**貸借の媒介契約は、開発許可を受ける前であってもすることができます。**貸借の場合、売買に比べて何かあったときの損害が小さいからであると私は考えています。

　また、広告をするとなると途端に話が大きくなるため、さすがに賃貸であっても許されません。

問 110 答え ×

　建物の場合も、問109と同じく、建築確認がおりなければ広告をしてはいけません。

　「申請中」ということは、建築確認を申請して、**今現在役所が審査をしている最中。もしかしたら、建築確認がおりないかもしれません。**なので、申請中の場合はダメなのです。

問 111 答え ×

　重要事項説明（重説）は契約成立前に行う必要があります。重説は「買うかどうかの最終確認」です。それを契約締結後に行っても意味がありません。

　なお、37条書面（契約書）は、契約締結後遅滞なく交付することとなっています。37条書面は契約の証拠ですから、契約締結後すぐに当事者に交付することとされているのです。

法令上の制限

都市計画法

問112 地区計画の区域のうち地区整備計画が定められている区域内において、建築物の建築等の行為を行った者は、一定の行為を除き、当該行為の完了した日から30日以内に、行為の種類、場所等を市町村長に届け出なければならない。

答え ▢

土地区画整理法

問113 仮換地が指定された場合においては、従前の宅地について権原に基づき使用し、又は収益することができる者は、仮換地の指定の効力発生の日から換地処分の公告がある日まで、仮換地について、従前の宅地について有する権利の内容である使用又は収益と同じ使用又は収益をすることができる。

答え ▢

問114 施行者は、仮換地を指定した場合において、その仮換地について使用又は収益を開始することができる日を仮換地の指定の効力発生日と別に定めることはできない。

答え ▢

解説

問 112 答え ×

完了した日からではなく、**行為に着手する日の30日前まで
でに届け出ます**。工事を終えてから届け出るのは意味がな
いので、事前届出となっています。

問 113 答え ○

仮換地が指定されたとき、正式な換地処分の公告がある
日までは、仮換地を使用・収益することができます。

問 114 答え ×

たとえば、仮換地指定の効力発生日が8月1日、使用収
益開始日を9月1日と定めることもできます。この場合、9
月1日にならないと、仮換地を使うことはできません。

権利関係

問 115 AとBとの間で、今年の宅建試験にBが合格したらA所有の建物をBに贈与する旨を書面で約し、その後Bが宅建試験に合格した場合、特例がない限り、Bがこの建物の所有権を取得するのは、宅建試験に合格したときである。

答え □

問 116 代理権を有しない者がした契約を本人が追認する場合、その契約の効力は、別段の意思表示がない限り、契約のときにさかのぼってその効力を生ずる。

答え □

問 117 Aの所有する甲土地をBが時効取得した場合、Bが甲土地の所有権を取得するのは、取得時効の完成時である。

答え □

解説

問 115　答え　○

「試験に合格したら建物をあげる」というのは、**停止条件付の贈与契約です。停止条件付の契約の場合、条件が成就したときに契約の効力が発生します。**

特約がない限り、さかのぼって生じるものではないので注意です。

問 116　答え　○

無権代理行為を本人が追認したケースです。こちらは**契約のときにさかのぼって効力を生じます。**

問 117　答え　×

取得時効の完成時ではなく、**占有開始時**です。

たとえば、Bが2000年4月1日に甲土地の占有を開始して、2020年4月1日に時効が完成した場合、その土地は2000年からBの物という扱いになります。

これは、固定資産税と関係しています。仮に、「時効完成時に所有権を取得」するなら、Bは2021年分から固定資産税を払えばいいことになります。ただ、2000年から所有の意思をもって占有していたことを考えるとこれは不当ですよね。そこで、2000年から所有者だったとすることで、**固定資産税をBに払わせるシステム**になっているのです。

問 118　所有権がAからBに移転している旨が登記されている甲土地につき、CがBとの間で売買契約を締結して所有権移転登記をしたが、その後AはBの強迫を理由にAB間の売買契約を取り消した場合、CがBによる強迫を過失なく知らなかったとき、Aは所有者であることをCに対して主張することはできない。

答え

解説

問118 　答え　×

順番を整理しましょう。

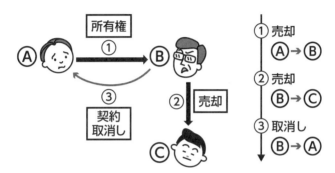

①AからBに所有権移転

②CがBから甲土地を購入

③AがBの強迫を理由に契約を取り消した

強迫の被害者であるAから見て、Cは取消し前の第三者となります。取消しをしたときには、すでにCは三角関係に入っていたからです。

取消前の第三者の場合は、意思表示のところで学習した「詐欺・強迫」と同じと考えてしまいましょう。登記云々ではなく、実体的な勝敗で判断してしまうのです。

強迫の被害者は、たとえ第三者が善意無過失であったとしても、勝てます。したがって、この問題の答えは×になります。

問 119 AがBから購入した甲土地につき、Cが時効により甲土地の所有権を取得した旨主張している場合、取得時効の進行中にAB間で売買契約及び所有権移転登記がなされ、その後に時効が完成しているときには、Cは登記がなくてもAに対して所有権を主張することができる。

答え

解説

問119   答え ○

順番を正確に読み取りましょう。

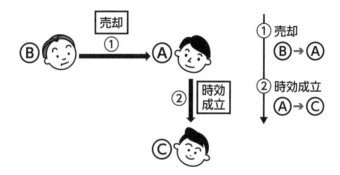

①ＢＡ間で売買契約及び所有権移転登記がなされた

②Ｃの時効が完成した

時効取得したＣから見て、Ａは時効完成前の第三者です。

Ｃの時効が完成したとき、甲土地の所有者はＡとなっていました。そもそも時効が完成したということは、Ａがこの土地をほったらかしにしていたということを意味します。

したがって、ＣはＡに対して、登記がなくても所有権を主張することができます。Ｃの勝ちというわけです。

問 120 取得時効の完成により乙不動産の所有権を適法に取得したCは、その旨を登記しなければ、時効完成後に乙不動産を旧所有者であるAから取得して所有権移転登記を経たBに対して、所有権を対抗できない。

答え ☐

問 121 抵当権者は、その目的物の滅失によって債務者が受けるべき金銭等に対し物上代位することができるが、抵当権者は、債務者が当該金銭等を受領する前に差押えをしなければならない。

答え ☐

解説

問120　　答え　○

順番を整理することからはじめましょう。

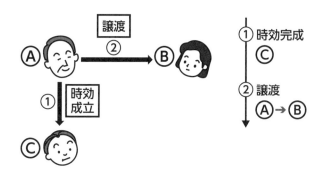

①Ｃの時効が完成

②旧所有者ＡからＢが所有権を譲り受けた

この問題では、Ｃの時効が完成してから、Ｂが三角関係に入ってきています。したがって、**時効完成後の第三者**ということになります。

本問に限らず、「〇〇後の第三者」はすべて**対抗関係**となります。つまり、登記を持っている者が勝ちです。

本問では、Ｂが登記を備えているため、Ｂの勝ち。ＣはＢに対して、所有権を対抗できません。

問121　　答え　○

物上代位とは、横どりシステムのことです。**抵当権者は、債務者がお金を受け取る前に差押え**をしなければなりません。

問 122　解約手付を交付した場合、相手方が履行に着手するまでであれば、買主はその手付を放棄し、売主はその倍額を償還して契約の解除をすることができる。

答え

問 123　Aが、Bに対して、A所有の甲建物を賃貸している場合、Bは、甲建物について有益費を支出したときは、賃貸人に対し、直ちにその償還を請求することができる。

答え

問 124　人の生命又は身体を害する不法行為による損害賠償請求権は、被害者が損害または加害者を知った時から5年間行使しないときには、時効によって消滅する。

答え

解説

問 122　　答え　○

　解約手付による**解除のタイムリミットは、相手がやること
をやるまで**です。

　なお、仮に自分は動いていたとしても、相手がまだ動いて
いなければ解除できます。

問 123　　答え　×

　**有益費を支出したときは、賃貸借の終了時に償還手続き
をする**ことになります。直ちに償還請求はできません。

　なお、必要費を支出したときには、直ちに償還請求できま
す。

問 124　　答え　×

**「損害または加害者」ではなく、損害及び加害者を知った
ときから5年**です。

　5年のカウントダウンがスタートするのは、損害と加害者、
両方を知ったときからです。

　たとえば、交通事故でひき逃げに遭った場合、加害者が
わからない間は、5年のカウントダウンはスタートしないと
いうことです。もっともこの場合でも、事故から20年経ってし
まうと、時効を迎えてしまいます。

問 125 Aが死亡し、相続人がAの子であるB及びCである場合において、BC間の遺産分割協議が成立しないうちにCが死亡した。Cには配偶者D、Dとの子Eがいる場合、Aの遺産分割協議は、BとEで行う。

答え ☐

借地借家法

問 126 AがBからB所有の建物を賃借している場合、Aが家賃の減額請求をしたが、家賃の減額幅につきAB間に協議が整わず、裁判となったときは、その請求にかかる一定額の減額を正当とする裁判が確定した時点以降分の家賃が減額される。

答え ☐

解説

問125　答え　×

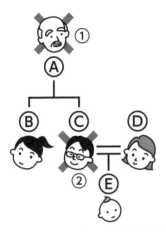

亡くなった順番を正確に把握しましょう。

Aが亡くなった時点では、Cは生きていました。したがって、Aの相続人はあくまでBとCです。ただ、BとCで、Aの遺産分割協議を行う前に、Cが亡くなってしまいました。この場合、B、そして、Cの相続人であるDとEが、Aの遺産分割協議を行います。

下の世代が死亡している＝代襲相続、と考えるのではなく、順番を意識しましょう。

問126　答え　×

請求した時点以降分の家賃が減額されます。

減額を正当とする裁判が確定したときは、裁判が確定したとき以降ではなく、請求したとき以降の分の家賃が減額されます。たとえば、4月1日に減額請求をして、協議が整わず裁判となり、10月1日に減額を正当とする裁判が確定した場合、家賃が減額されるのは4月1日分からとなります。

「どこで」ひっかけ

宅建業法

問127 都市計画法に規定する工業専用地域内の土地で、建築資材置き場の用に供されているものは、法第2条第1号に規定する宅地に該当する。

答え

問128 本店及び支店1か所を有するAが、甲県内の本店では建設業のみを営み、乙県内の支店では宅地建物取引業を営む場合、Aは乙県知事の免許を受けなければならない。

答え

問129 宅地建物取引業者A（甲県知事免許）が、乙県内に新たに支店を設置して宅地建物取引業を営んでいる場合において、免許換えの申請を怠っていることが判明したときは、Aは甲県知事から業務停止処分を受けることがある。

答え

問130 宅地建物取引業者は、一団の建物の分譲を行う案内所を設置し、当該案内所において建物の売買契約を締結する場合、当該展示会場の従業者5人に対して1人以上の割合となる数の専任の宅地建物取引士を置かなければならない。

答え

解説

問127 　答え　○

　用途地域内の土地は、たとえ建物が建っていなくとも宅地に該当します。

問128 　答え　×

　支店が宅建業を行っているなら、**本店は、宅建業を営んでいるかどうかに関係なく、事務所として扱います。**

問129 　答え　×

　免許換えを怠っているときは、免許取消処分になります！

　Aは乙県にも支店を設置したため、本来、大臣免許を受けていなければなりません。にもかかわらず、甲県知事免許のまま、仕事をしていたのです。これで仮に業務停止処分で済むとした場合、その期間があければその状態で仕事を再開していいということになってしまいます。それでは、免許換えの意味がありません。

問130 　答え　×

　案内所は事務所ではありません。5人に1人以上の宅建士が必要となるのは、事務所です。

　案内所には、従業員の数に関係なく、専任の宅建士が最低1人いればいいのです。

問 131 宅地建物取引業者は、事業の開始後新たに従たる事務所を設置したときは、その従たる事務所の最寄りの供託所に政令で定める額を供託し、その旨を免許を受けた国土交通大臣又は都道府県知事に届け出なければならない。

答え ☐

問 132 宅地建物取引業者は、事業の開始後新たに案内所を設置した場合、主たる事務所の最寄りの供託所に政令で定める額を供託する必要はない。

答え ☐

問 133 宅地建物取引業者は、案内所においては、そこで契約行為等を行わない場合であっても、国土交通省令で定める標識を掲示しなければならない。

答え ☐

問 134 宅地建物取引業者は、各事務所の業務に関する帳簿を、主たる事務所に備えなければならない。

答え ☐

問 135 法第 35 条の規定による重要事項説明及び書面の交付は、ホテルのロビーで行うことはできない。

答え ☐

解説

問 131 答え ×

従たる事務所の最寄りの供託所ではなく、**主たる事務所（本店）最寄りの供託所に供託**します。

たとえば、東京に本社がある宅建業者が北海道に支店を作った場合、東京の供託所に供託をするということです。

問 132 答え ○

案内所は事務所ではありません。供託をしなければならないのは、新たに事務所を設置した場合です。

したがって、案内所を作ったとしても、供託をする必要はありません。

問 133 答え ○

標識は業務を行うすべての場所に掲示しなければなりません。たとえ契約を行わないとしても、その場所で働く従業員はいるわけですから、標識が必要です。

問 134 答え ×

帳簿は事務所ごとに備えます。本問は、「主たる事務所に備える」という記述になっているため、誤りです。

問 135 答え ×

重要事項説明（重説）は、どこでもすることができます。

問 136 宅地建物取引業者A社（国土交通大臣免許）が甲県内に所在するマンション（60戸）を分譲するにあたり、A社が乙県内に設置する案内所について、A社は国土交通大臣及び甲県知事に、業務を開始する日の10日前までに法50条第2項の規定に基づく届出を行わなければならない。

答え

問 137 宅地建物取引業者ではないBは、ホテルのロビーにおいて買受けの申込みをし、その際に宅地建物取引業者A社との間でクーリング・オフによる契約の解除をしない旨の合意をした上で、後日、売買契約を締結した。この場合、仮にBがクーリング・オフによる当該契約の解除を申し入れたとしても、A社は、当該合意に基づき、Bからの契約の解除を拒むことができる。

答え

問 138 宅地建物取引業者ではないBは、モデルルームにおいて買受けの申込みをし、後日、宅地建物取引業者A社の事務所において売買契約を締結した。Bは、その代金の全部を支払ったが、まだ当該建物の引渡しを受けていない場合、A社からクーリング・オフについて何も告げられていなければ、契約の解除をすることができる。

答え

解説

問136　答え　×

50条2項の届出は、免許権者と案内所を設置する場所の管轄知事に届け出ます。

A社は国土交通大臣免許なので、知事を経由して大臣に届け出ることになります。そして、案内所を設置するのは乙県なので、**乙県知事に届出**をします。本問では甲県知事に届出をするという記述となっています。たしかに甲県にはマンションがありますが、50条2項の届出には関係ないので誤りです。

問137　答え　×

Bは、**ホテルのロビーで申込みをしているので、クーリング・オフの対象となります。**

2〜3行目に「クーリング・オフによる契約の解除をしない旨の合意」とありますが、この合意は買主に不利であるため無効です。したがって、A社は、当該合意に基づき、Bからの契約の解除を拒むことはできません。

問138　答え　×

Bは、**モデルルームにおいて申込みをしているので、そもそもクーリング・オフできない**事案です。クーリング・オフについて何も告げられていなくても不可能です。

▌法令上の制限

▰▰▰▰ **都市計画法** ▰▰▰▰

問 139 都市計画区域は、当該市町村の区域の区域内に限り指定するものとされている。

答え ☐

問 140 都市計画区域については、無秩序な市街化を防止し、計画的な市街化を図るため、都市計画に必ず市街化区域と市街化調整区域との区分を定めなければならない。

答え ☐

問 141 準都市計画区域について無秩序な市街化を防止し、計画的な市街化を図るため必要があるときは、都市計画に、区域区分を定めることができる。

答え ☐

問 142 市街化区域については、必要があると認めるときは、用途地域を定めるものとされ、市街化調整区域は、原則として用途地域を定めないものとする。

答え ☐

解説

問139　　答え　×

「当該市町村の区域の区域内に限り」が誤りです。

　複数の都道府県や市町村にまたがって都市計画区域を定めることもできるというわけです。

問140　　答え　×

　市街化区域と市街化調整区域との区分（区域区分）は、**必要があるときに定めることができる**、とされています。

　したがって、必ず定めなければならないわけではありません。

問141　　答え　×

　区域区分は、**都市計画区域内において定められるもの**です。準都市計画区域では定めることができません。

問142　　答え　×

　前半部分が誤りです。市街化区域については、**少なくとも用途地域を定めるもの**とされています。要するに**「必ず」**ということです。

　なお、市街化調整区域は、原則として用途地域を定めないものとされているので、後半部分は正しい記述です。

問 143 特別用途地区とは、用途地域が定められていない土地の区域内において、当該地区の特性にふさわしい土地利用の増進、環境の保護等の特別の目的の実現を図るため当該用途地域の指定を補完して定める地区をいう。

答え ⬚

問 144 特定用途制限地域とは、用途地域内において、良好な環境の形成又は保持のため当該地域の特性に応じて合理的な土地利用が行われるよう、制限すべき特定の建築物等の用途の概要を定める地域をいう。

答え ⬚

解説

問143　　答え　×

特別用途地区は、**用途地域内**に定められます。

特別用途地区は、たとえば、商業地域の中でも学校が多いエリアに指定されます。商業地域は基本的に風俗店などを作ることもできる地域ですが、学校が多いエリアに風俗店があるのは、教育上よくないですよね。そこで、特別用途地区を指定することで、風俗店を作ることを禁止しています。

問144　　答え　×

特定用途制限地域は、**用途地域の外**に定められます。

たとえば、北海道のリゾート地であるニセコアンヌプリは、特定用途制限地域に指定されています。ここは山なので、用途地域に指定されていません。したがって、用途制限がないため、本来であればどんな用途の建物を建ててもいいはずです。ところが、リゾート地という環境上、あまり不健全な店が建つと困りますよね。そこで、特定用途制限地域に指定して、建ててはいけない建物を規制しているのです。

名称	定められるエリア
特別用途地区	用途地域**内**
特定用途制限地域	用途地域が定められていない土地の区域内（用途地域**外**）

問 145 高層住居誘導地区は、住居と住居以外の用途を適正に配分し、利便性の高い高層住宅の建設を誘導するため、第一種中高層住居専用地域、第二種中高層住居専用地域において定められる地区をいう。

答え ☐

問 146 高度利用地区とは、用途地域内の市街地における土地の合理的かつ健全な高度利用と都市機能の更新とを図るため、建築物の高さの最高限度又は最低限度を定める地区のことである。

答え ☐

問 147 市街化区域において、農林漁業を営む者の居住の用に供する建築物の建築の用に供する目的で1,200㎡の開発行為を行う場合、都市計画法による開発許可を受ける必要がある。

答え ☐

解説

問145　答え　✕

中高層住居専用地域に定めることはできません。

　高層住居誘導地区は、高層マンションを建てるために、容積率や建ぺい率をいじることが認められたエリアです。試験で問われるポイントはひとつだけで、**第一種・第二種中高層住居専用地域に定めることはできない**、という点です。

　なぜなら、このエリアは、はじめからマンションを建てることを前提としているからです。

問146　答え　✕

高度利用地区の「高度」は高さのことではありません。「土地を高度に活用しよう!」という意味です。高度地区と混同しないように。**「高度利用地区には高さの制限はない」**という点と、**「用途地域内に定められる」**という点を押さえましょう。

問147　答え　○

市街化区域内では、農林漁業を営む方の家のためであっても、開発許可を受けなければなりません。また、市街化区域では1,000㎡以上の開発行為は許可が必要です。その点でも、今回は開発許可を受けなければなりません。

　ちなみに、**市街化区域外で農林漁業系の開発行為をする場合には、許可不要**です。

建築基準法

問 148 工業専用地域内においては、保育所を建築することができない。

答え ☐

問 149 建築物の敷地が工業地域と工業専用地域にわたる場合において、当該敷地の過半が工業専用地域内であるときは、共同住宅を建築することができる。

答え ☐

問 150 第一種低層住居専用地域内においては、大学を建築することはできないが、高等専門学校を建築することはできる。

答え ☐

問 151 第一種低層住居専用地域内では、診療所は建築できるが、病院は建築できない。

答え ☐

解説

問148 答え ×

保育所は、全ての用途地域内で建築することができます。働く親のために、保育所は全エリアで必要だからです。

問149 答え ×

用途地域をまたがっている場合、**面積が大きいほうのルールが適用**されます。本問では「過半が工業専用地域内」とあるため、ここでは工業専用地域の用途規制が適用されることになります。そして、**工業専用地域では共同住宅を建てることはできない**ため、誤りです。

問150 答え ×

第一種低層住居専用地域では、大学も高等専門学校も建築することはできません。なお、第一種低層住居専用地域は、幼稚園〜高校までなら、建築することができます。

問151 答え ○

病院は、第一種低層住居専用地域内には建築できません。救急車が頻繁に来てしまうため、閑静な住宅街にはそぐわないからです。一方の**診療所は、いずれの用途地域内においても建築することができる**ため、もちろん第一種低層住居専用地域内においても建築できます。

ちなみに、病院と診療所の違いは、ベッドの数です。

問 152 準都市計画区域内であっても、用途地域の指定のない区域内における建築物については、法56条第1項第1号の規定による道路斜線制限は適用されない。

答え ☐

問 153 第一種低層住居専用地域及び第二種低層住居専用地域内における建築物については、法第56条第1項第2号の規定による隣地斜線制限が適用されない。

答え ☐

問 154 第二種中高層住居専用地域内における建築物については、法第56条第1項第3号の規定による北側斜線制限は適用されない。

答え ☐

解説

問152　　答え　×

　道路斜線制限は、**都市計画区域内と準都市計画区域内すべてのエリアで適用**されます。

　道路が暗くならないようにというのが道路斜線制限の趣旨です。したがって、すべてのエリアが対象です。

問153　　答え　○

　隣地斜線制限は、第一種・第二種低層住居専用地域・田園住居地域では適用されません。このエリアはお隣さんも低い建物なので、適用する必要がないのです。

問154　　答え　×

　北側斜線制限が適用されるのは**第一種・第二種低層住居専用地域・田園住居地域、日影規制の適用がない第一種・第二種中高層住居専用地域**です。

　田園住居地域は低層と同じと考えていいので、**「住居専用」という言葉がつくエリアで適用される**、と覚えましょう。

エリア	道路	隣地	北側
一種二種低層住専・田園住居	○	<u>×</u>	<u>○</u>
一種二種中高層住居専用地域	○	○	<u>○</u>
それ以外のエリア	○	○	×

問 155　法第 56 条の2第1項の規定による日影規制の対象区域は地方公共団体が条例で指定することとされているが、商業地域、工業地域及び工業専用地域においては、日影規制の対象区域として指定することができない。

答え

問 156　防火地域内においては、2階建て、延べ面積が100㎡の住宅は、耐火建築物としなければならない。

答え

解説

問 155　　答え　○

商業地域、工業地域、工業専用地域は、日影規制の対象外となっています。

以下のゴロで覚えましょう。

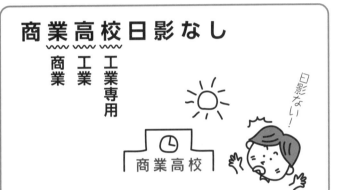

商業高校日影なし

商業
工業
工業専用

商業高校

日影なし！

問 156　　答え　×

本問の場合、準耐火建築物でもよいため、誤りです。

防火地域内

	100㎡以下	100㎡超
（地階含む）3階以上	**耐火**	**耐火**
（地階含む）2階	準耐火でもよい	**耐火**
（地階含む）1階	準耐火でもよい	**耐火**

問 157 準防火地域内においては、3階建て、延べ面積が1200㎡の住宅は、耐火建築物としなければならない。

答え ☐

問 158 商業地域内で、かつ、防火地域にある耐火建築物については、建物の容積率の制限は適用されない。

答え ☐

問 159 防火地域及び準防火地域内において、建築物を改築する場合で、その改築に係る部分の床面積の合計が10㎡以内であるときは、建築確認は不要である。

答え ☐

解説

問 157 答え ×

本問の場合、準耐火建築物でもよいため、誤りです。

準防火地域

	500㎡以下	500㎡超 1,500㎡以下	1,500㎡超
（地階除く）4階以上	**耐火**	**耐火**	**耐火**
（地階除く）3階	基準に適合していればよい	準耐火でもよい	**耐火**
（地階除く）2階以下	特に規制なし	準耐火でもよい	**耐火**

問 158 答え ×

容積率にはこのような規定はありません。

商業地域内で、かつ、防火地域にある耐火建築物については、建ぺい率の制限が適用されません。

問 159 答え ×

床面積に関係なく、**防火地域及び準防火地域内において建築物を改築する場合には、建築確認が必要**です。改築に係る部分の床面積の合計が10㎡以内のとき、**建築確認は不要となるのは防火地域及び準防火地域外の場合**です。

┃ 宅建業法

・・

問160 A県知事から免許を受けている宅地建物取引業者が、A県内における事務所を廃止し、B県内に新たに事務所を設置して、引き続き宅地建物取引業を営もうとする場合には、A県知事経由でB県知事に免許換えの申請をしなければならない。

答え ☐

問161 宅地建物取引業者（甲県知事免許）に勤務する宅地建物取引士（甲県知事登録）が、乙県に住所を変更するとともに宅地建物取引業者（乙県知事免許）に勤務先を変更した場合は、乙県知事に登録の移転の申請をしなければならない。

答え ☐

問162 宅地建物取引士は、テレビ会議等の IT を活用して重要事項の説明を行うときは、相手方の承諾があれば宅地建物取引士証の提示を省略することができる。

答え ☐

解説

問 160　　答え　×

　免許換えとは、新しく免許を取り直すことです。これは**新規申請と同じ手続きを行う**ことになります。

　本問の場合、B県知事免許をとることになるので、**B県知事に直接申請**します。経由申請ではありません。

問 161　　答え　×

　登録の移転は任意です。「しなければならない」と書いてあったらバツとなります。

問 162　　答え　×

　IT重説を行う場合でも、宅建士証の提示は省略できません。画面越しにしっかりと見せないといけないのです。

問 163　宅地建物取引業者A社が、自ら売主として宅地建物取引業者でないBとの間で売買契約を締結した場合、37 条書面を交付する際に、Bより「時間がないので説明は不要です」との申出があったため、A社の宅地建物取引士Bは説明をせずにBの記名がある 37 条書面を交付したとき、A社は宅地建物取引業法に違反しない。

答え

法令上の制限

都市計画法

問 164　都市計画施設の区域または市街地開発事業の施行区域内において建築物の建築をしようとする者は、一定の場合を除き、当該行為に着手する 30 日前までに、都道府県知事（市の区域内にあっては、当該市の長）に届出をしなければならない。

答え

問 165　地区計画の区域のうち地区整備計画が定められている区域内において、建築物の建築等の行為を行おうとする者は、原則として市町村長の許可を受けなければならない。

答え

解説

問163　答え　〇

37条書面（契約書）を交付する際、説明義務はありません。つまり黙って渡せばいいのです。

本問では説明をせずに37条書面を交付していますが、そもそもはじめから説明義務がないため、Ａ社は宅地建物取引業法に違反しません。

問164　答え　×

都市計画施設の区域または市街地開発事業の施行区域内において建築物の建築をしようとする者は、**知事の許可を受ける必要**があります。

届出ではありません。

問165　答え　×

許可ではなく、当該行為に着手する日の30日前までに、行為の種類、場所等を市町村長に届け出なければなりません。**地区計画は、届出**です。

問 166 都市計画事業の認可の告示があった後において
は、当該事業地内において、当該都市計画事業の施行の障
害となるおそれがある建築物の建築等を行おうとする者は、
非常災害のために必要な応急措置として行う行為であって
も、都道府県知事の許可を受けなければならない。

答え

問 167 市街化調整区域において、図書館法に規定する
図書館の建築の用に供する目的で行う1000㎡の土地の区
画形質の変更については、都市計画法による開発許可を受
ける必要はない。

答え

民法

問 168 成年後見人が、成年被後見人に代わって、成年
被後見人が居住している建物を売却する際、後見監督人が
いる場合には、後見監督人の許可があれば足り、家庭裁判
所の許可は不要である。

答え

問 169 Aが、Bとの間でAが所有する甲建物の売買契約
を締結した場合、Bが代金を支払った後、Aが引渡しをしな
いうちに、Aのたばこの不始末が原因で甲建物が焼失したと
き、Bがこの契約を解除するためには、Aに対し相当の期間
を定めてその履行を催告する必要はない。

答え

解説

問166　答え　○

「告示」とあったら、例外なく許可が必要になります。

　問題文に**「告示」**という言葉があったら、**許可が必要と考えてしまってよい**ということです。

　告示がなされると強い効力を持つため、たとえ非常災害の場合であっても、許可を受けなければなりません。

問167　答え　○

図書館は、開発許可は不要です。

　図書館法に規定する図書館は、場所や規模に関係なく開発許可を受ける必要はありません。

問168　答え　×

　後見監督人がいる場合であっても、家庭裁判所の許可が必要です。

　後見監督人は、成年後見人のサポートをするだけなので、裁判所の許可を省略することはできません。

問169　答え　○

　この場合、**催告することなく解除することができます。**

　理由はシンプルで、**催告が無意味だから**です。

　催告したら建物が復活するわけでもないため、催告する意味がないのです。

問 170 保証人となるべき者が、口頭で明確に特定の債務につき保証する旨の意思表示を債権者に対してすれば、その保証契約は有効に成立する。

答え ☐

問 171 Aが甲土地をFとGとに対して二重に譲渡してFが所有権移転登記を備えた場合に、裁判においてAG間の売買契約の方がAF間の売買契約よりも先になされたことをGが立証できれば、Gは、登記がなくても、Fに対して自らが所有者であることを主張することができる。

答え ☐

問 172 Aは、Bから3000万円の借金をし、その借入金債務を担保するために、A所有の甲地に抵当権を設定し、その登記を経た。その後甲地について、Cの第2順位抵当権が設定され、その登記がされた場合、BとCは合意をして、抵当権の順位を変更することができるが、この順位の変更は、その登記をしなければ無効となる。

答え ☐

問 173 自筆証書遺言は、その内容をワープロ等で印字していても、日付と氏名を自署し、押印すれば、有効な遺言となる。

答え ☐

解説

問170 　答え　×

保証契約は、書面か電磁的記録でしなければなりません。口頭でした場合、無効となります。

問171 　答え　×

不動産の**二重譲渡の場合、登記を先に備えたほうが勝ち**ます。

仮に自分が先に売買契約を締結したことを立証できたとしても、登記がなければ結果として負けてしまうのです。

問172 　答え　○

抵当権の順位変更は、その**登記をしなければ効力が生じません**。

合意しただけでは効力は発生しないのです。

問173 　答え　×

自筆証書遺言は、遺言の全文・日付・氏名を手書きで書かないといけません。

ちなみに、遺言の付属文書となる目録は、ワープロでもいいとされています。ただ、遺言自体は自署しなければならないので、誤りです。

問 174 遺留分侵害額の請求は、訴えを提起しなくても、内容証明郵便による意思表示だけでもすることができる。

答え ☐

借地借家法

問 175 Aが居住用の甲建物を所有する目的で、存続期間を50年としてB所有の乙土地に借地権を設定する場合、AB間の賃貸借契約を公正証書で行ったときに限り、当該契約の更新がなく期間満了により終了し、終了時にはAが甲建物を収去すべき旨を有効に規定することができる。

答え ☐

問 176 借地借家法第23条に規定するいわゆる事業用定期借地権の設定を目的とする契約は、公正証書によってしなければならない。

答え ☐

問 177 Aが所有する甲建物をBに賃貸する場合、法令によって甲建物を2年後には取り壊すことが明らかであるとき、2年後には更新なく賃貸借契約が終了する旨の特約を定めるにあたって、公正証書によってしなければならない。

答え ☐

解説

問174　答え　○

遺留分侵害額請求の方法は特に決められていません。必ずしも訴えを提起する必要はありません。

問175　答え　×

「公正証書で行ったときに限り」という点が誤りです。

本問の特約は書面によってしなければならないと規定されています。つまり、**書面であれば、公正証書でなくてもよい**のです。パソコンで書面を作って印刷すれば大丈夫です。

問176　答え　○

事業用定期借地権の設定を目的とする契約は、公正証書でしなければなりません。公正証書とは、公証人という人に作ってもらう公的な文書のことです。

なお、借地借家法において、公正証書が出てくるのはこの事業用定期借地権だけです。この点を押さえておくだけでも、かなりひっかけ問題に強くなりますよ。

問177　答え　×

取り壊し予定の建物を賃貸する場合、書面で契約をする必要はあります。ただし、書面であればいいため、それを公正証書で行う必要はありません。

「数字」ひっかけ

宅建業法

問 178 免許の更新を受けようとする宅地建物取引業者は、免許の有効期間満了の日の2週間前までに、免許申請書を提出しなければならない。

答え

問 179 宅地建物取引業を営もうとする者が、国土交通大臣又は都道府県知事から免許を受けた場合、その有効期間は、国土交通大臣から免許を受けたときは5年、都道府県知事から免許を受けたときは3年である。

答え

問 180 都道府県知事は、不正の手段によって宅地建物取引士資格試験を受けようとした者に対しては、その試験を受けることを禁止することができ、また、その禁止処分を受けた者に対し5年を上限とする期間を定めて受験を禁止することができる。

答え

問 181 保証協会から還付充当金を納付すべきことの通知を受けた社員は、その通知を受けた日から1月以内に、その通知された額の還付充当金を当該保証協会に納付しなければならない。

答え

解説

問 178　　答え　×

　更新申請は、**有効期間満了の日の90日前から30日前まで
でに提出**しなければなりません。遅くても30日前には、申請
書を提出しなければならないのです。なぜなら、役所の審
査に1カ月ほどかかるからです。

問 179　　答え　×

　免許の有効期間は**大臣免許、知事免許ともに5年**です。
　大臣免許と知事免許は、事務所がどこにあるのかという違
いしかありません。当然、有効期間も、どちらの免許を受け
たとしても同じです。

問 180　　答え　×

　5年ではなく、**3年**です。
　不正受験をした者・しようとした者には、3年間試験を受
験できないというペナルティが下ることがあるということです。
カンニング、ダメ、絶対！

問 181　　答え　×

　**通知を受けた日から2週間以内に、保証協会に還付充当
金を納付**しなければなりません。

問182 保証協会は、その社員である宅地建物取引業者から弁済業務保証金分担金の納付を受けたときは、その納付を受けた日から2週間以内に、その納付を受けた額に相当する額の弁済業務保証金を供託しなければならない。

答え

問183 保証協会に加入している宅地建物取引業者（甲県知事免許）は、甲県の区域内に新たに支店を設置した場合、その設置した日から1月以内に当該保証協会に追加の弁済業務保証金分担金を納付しないときは、社員の地位を失う。

答え

問184 宅地建物取引業者A社は、その主たる事務所に従事する唯一の専任の宅地建物取引士が退職したときは、30日以内に、新たな専任の取引主任者を設置しなければならない。

答え

問185 宅地建物取引業者は、その事務所ごとに従業者名簿を備えなければならず、当該名簿を最終の記載をした日から5年間保存しなければならない。

答え

問186 宅地建物取引業者Aが、B所有の甲宅地の売却の媒介を依頼され、Bと専任媒介契約を締結した場合、AがBに対し業務の処理状況を3週間に1回報告するという特約は無効である。

答え

解説

問 182　　答え　×

保証協会は、納付を受けた日から**1週間以内に供託**しなければなりません。

問 183　　答え　×

1月以内ではなく、**2週間以内**が正しい記述です。

問 184　　答え　×

唯一の専任の宅建士が退職してしまっているため、**2週間以内に新たな専任の宅建士を設置**しなければなりません。

問 185　　答え　×

従業者名簿は、最終の記載をした日から**10年間の保存義務**があります。

問 186　　答え　○

専任媒介契約を締結した場合、**宅建業者は2週間に1回以上のペースで業務の処理状況を報告**しなければなりません。
　したがって、「3週間に1回」という特約は無効となります。

問187 宅地建物取引業者Aが、C所有の甲宅地の売却の媒介を依頼され、Cと専属専任媒介契約を締結した場合、Aは、甲宅地について法で規定されている事項を、契約締結の日から休業日を含めず7日以内に指定流通機構へ登録する義務がある。

答え

問188 住宅販売瑕疵担保責任保険契約は、新築住宅を自ら売主として販売する宅地建物取引業者が住宅瑕疵担保責任保険法人と締結する保険契約であり、当該住宅の売買契約を締結した日から5年間、当該住宅の瑕疵によって生じた損害について保険金が支払われる。

答え

問189 宅地建物取引士が、刑法第204条の傷害罪により罰金の刑に処せられ、登録が消除された場合は、当該登録が消除された日から5年を経過するまでは、新たな登録を受けることができない。

答え

解説

問187　　答え　×

専属専任媒介契約の場合には、7日以内ではなく、**5日以内**です。

ちなみに、専任媒介契約の場合には、契約締結の日から休業日を含めず7日以内に指定流通機構（レインズ）へ登録する義務があります。

問188　　答え　×

5年間ではなく、**10年間**です。「10年間有効の保険に入ってね」ということです。

問189　　答え　×

2行目後半～3行目の「登録が消除された日から5年」が誤りです。正しくは、**「刑の執行を終わり又は執行を受けることがなくなった日から5年」**です。

たとえば、2021年4月1日に傷害罪により罰金の刑に処せられ登録が消除となり、罰金を2022年5月1日に納めた場合、2022年5月1日から5年間は登録できません。

法令上の制限

都市計画法

問 190　地区計画の区域のうち地区整備計画が定められている区域内において、建築物の建築等の行為を行おうとする者は、一定の行為を除き、当該行為に着手する日の2週間前までに、行為の種類、場所等を市町村長に届け出なければならない。

答え [　　]

問 191　区域区分の定められていない都市計画区域内の土地において、住宅の新築を目的として 4000㎡の土地の区画形質の変更を行おうとする者は、あらかじめ、都道府県知事の許可を受けなければならない。

答え [　　]

建築基準法

問 192　高さが 20 mを超える建築物には原則として非常用の昇降機を設けなければならない。

答え [　　]

解説

問190 ＿＿＿＿**答え ×**

2週間前までではなく、**30日前**までです。

この論点は「誰が誰に」「いつ」「何を」ひっかけパターンが複数ありますので、横断的に整理をしていきましょう。

問191 ＿＿＿＿**答え ○**

非線引きの都市計画区域内では、**3000㎡以上の開発行為を行う場合**、原則として許可を受けないといけません。本問の場合4000㎡なので、許可が必要となります。

開発許可の問題は、例年1問確定で出題されています。ひっかけパターンも数多く存在していますが、確実に攻略しなければならない論点と言えます。

詳しくは4章244～245ページをお読みください。

問192 ＿＿＿＿**答え ×**

高さが31mを超える建築物には、原則として非常用の昇降機（エレベーター）を設けなければなりません。

ちなみに、この高さが通常の消防車のはしごが届く限界の高さというのが理由らしいです。

問 193 住宅の居室には、原則として、換気のための窓その他の開口部を設け、その換気に有効な部分の面積は、その居室の床面積に対して、25分の1以上としなければならない。

答え

問 194 住宅の地上階における居住のための居室には、採光のための窓その他の開口部を設け、その採光に有効な部分の面積は、その居室の床面積に対して5分の1以上としなければならない。

答え

問 195 第一種低層住居専用地域、第二種低層住居専用地域または田園住居専用地域においては、建築物の高さは10mまたは12mのうち、当該地域に関する都市計画において定められた建築物の高さの限度を超えてはならない。

答え

問 196 第二種低層住居専用地域に指定されている区城内の土地においては、都市計画において建築物の外壁又はこれに代わる柱の面から敷地境界線までの距離の限度を2mまたは1.5mとして定めることができる。

答え

問 197 地上2階地下1階建て、延べ面積が300㎡の木造建築物の建築をしようとする場合は、建築主事又は指定確認検査機関の確認を受ける必要がある。

答え

解説

問 193 　　答え　×

25分の1以上ではなく、**20分の1以上**です。

居室は住人が多くの時間を過ごす部屋であるため、換気ができるように設計されたものでなくてはなりません。

問 194 　　答え　×

採光は**7分の1以上**です。「七光り」のゴロで覚えましょう。

問 195 　　答え　○

低層住居専用地域等では、高い建物を建てることはできません。**10mまたは12m**という数字を覚えておきましょう。

問 196 　　答え　×

2mまたは1.5mではなく、**1.5mまたは1m**です。

問 197 　　答え　○

木造建築物の場合、地階を含む階数3以上・延べ面積500㎡超・高さ13m超・軒の高さ9m超、このいずれかに該当するときには、建築確認を受けなければなりません。

本問では、延べ面積は300㎡ですが、階数が地階含めて3フロアありますので、建築確認を受ける必要があります。

「地階を含む階数3以上・延べ面積500㎡超」という要件をしっかりと覚えておきましょう。

問198 都市計画区域外において、高さ8m、階数が2階、延べ面積300㎡の木造建築物を新築する場合、建築確認が必要である。

答え

国土利用計画法

問199 市街化区域内の土地（面積2500㎡）を購入する契約を締結した者は、その契約を締結した日から起算して3週間以内に事後届出を行わなければならない。

答え

問200 都道府県知事は、一定の場合、土地利用審査会の意見を聴いて、事後届出をした者に対し、その届出に係る土地の利用目的について、必要な変更をすべきことを勧告することができるが、この勧告は事後届出があった日から起算して3週間以内にしなければならない。

答え

解説

問 198　　答え　✕

　都市計画区域外で木造建築物を新築する場合、建築確認が必要となるのは**次のいずれかに該当したとき**です。

　①**階数3以上（地階含む）**
　②**延べ面積500㎡超**
　③**高さ13m超**
　④**軒高9m超**

　本問の場合、上記のいずれにも該当しないため、建築確認は不要です。

問 199　　答え　✕

　3週間ではなく、**2週間以内**です。

問 200　　答え　〇

　こちらが**3週間**です。

　届出をするのは契約締結後2週間以内、それを受け取った知事が勧告をするのは3週間以内、ということですね。

問 201 準都市計画区域内の土地（面積 6000㎡）を購入する契約を締結した者は、その契約を締結した日から起算して2週間以内に事後届出を行わなければならない。

答え

問 202 区域区分の定めのない都市計画区域内の土地（面積 3500㎡）を購入する契約を締結した者は、その契約を締結した日から起算して2週間以内に事後届出を行わなければならない。

答え

解説

問 201 答え ×

準都市計画区域内で事後届出が必要となるのは、面積が**10000㎡以上の土地**です。本問のように6000㎡なら、事後届出は必要ありません。

問 202 答え ×

非線引きの都市計画区域内で事後届出が必要となるのは、面積が**5000㎡以上の土地**です。

国土法の届出が必要となる面積のエリア

市街化区域	2,000㎡以上
市街化調整区域 非線引き都市計画区域	5,000㎡以上
上記以外の区域	10,000㎡以上

4章245ページに混同しやすい数字の解説をしていますので、そちらも合わせてお読みください。

宅地造成等規制法

問203 宅地造成工事規制区域において行われる切土であって、当該切土をする土地の面積が 400㎡で、かつ、高さ 1.5 mの崖を生ずることとなるものに関する工事については、都道府県知事の許可は不要である。

答え ☐

問204 宅地造成工事規制区域において行われる盛土であって、高さ 1.5 mの崖を生ずることとなるものに関する工事については、都道府県知事の許可が必要である。

答え ☐

問205 宅地造成工事規制区域において切土と盛土を同時にする場合、盛土によって高さ 0.5 mの崖を生じ、かつ、切土及び盛土をした土地の部分に高さ 2.5 mの崖を生ずることとなるものに関する工事については、都道府県知事の許可は不要である。

答え ☐

問206 宅地造成工事規制区域において行われる切土であって、当該切土をする土地の面積が 600㎡で、かつ、高さ 1.5 mの崖を生ずることとなるものに関する工事については、都道府県知事の許可は不要である。

答え ☐

解説

宅地造成法上の許可が必要となるのは、次の4つです。

切土	2mを超える崖を生じることとなるもの
盛土	1mを超える崖を生じることとなるもの
切土＋盛土	合わせて2mを超える崖を生じることとなるもの
面積	切土または盛土をする面積が500㎡を超えるもの

切土

盛土

二匹のイモリ
2m超切土　1m超　盛土

切土＋盛土

面積

同時にゴメン
2m超500㎡超 面積

該当するものはこうして覚えよう！

問203	答え　○	問204	答え　○

問205	答え　×

　切土と盛土を同時にする場合、2mを超える崖ができてしまうときには、許可が必要です。

問206	答え　×

　工事面積が500㎡を超える場合には、切土や盛土によって生じる崖の高さに関係なく、許可が必要です。

問207 宅地造成工事規制区域内の宅地において、高さが2mを超える擁壁を除却する工事を行おうとする者は、一定の場合を除き、その工事に着手する日の 21 日前までにその旨を都道府県知事に届け出なければならない。

答え

解説

問207　　答え　×

　21日前ではなく、**14日前まで**です。

宅地造成等規制法の届出制については、知識の混同を狙った出題が多数見られます。区別して整理できるようにしていきましょう。

届出が必要となるケース	期間
宅地造成工事規制区域の指定の際に、当該宅地造成工事規制区域内において宅地造成工事をしている場合 例：4月1日に宅地造成工事スタート、4月21日に工事現場一帯が宅地造成工事規制区域に指定された →4月21日から21日以内に届出をしなければならない	指定後 **21日以内** <u>（事後届出）</u>
高さが2mを超える擁壁や排水施設等を除却する工事をする場合 例：ブロック塀の工事をしたい →工事スタートの日から逆算して14日前までに届出をしなければならない	工事着手 **14日前まで** <u>（事前届出）</u>
宅地以外の土地を宅地に転用した場合 例：切土盛土をせずに、宅地以外の土地を宅地にした →宅地にしたその日から14日以内に届出をしなければならない	転用後 **14日以内** <u>（事後届出）</u>

権利関係

民法

問208 民法上、賃貸借の存続期間は 20 年を超えることができず、契約でこれより長い期間を定めたときであっても、その期間は 20 年とする。

答え ☐

問209 民法上、法定利率は、年5%とする。

答え ☐

借地借家法

問210 AがBとの間で、A所有の甲建物について、期間3年、賃料月額 10 万円と定めた賃貸借契約を締結した場合、AがBに対し、賃貸借契約の期間満了の6カ月前までに更新しない旨の通知をしなかったとき、AとBは、期間3年、賃料月額 10 万円の条件で賃貸借契約を更新したものとみなされる。

答え ☐

問211 定期建物賃貸借契約の場合、期間を1カ月とする定めを有効にすることができる。

答え ☐

解説

問208　答え ×

20年ではなく、**50年**です。これは2020年に改正された部分ですので、注意が必要です。

問209　答え ×

法定利率は、年3%です。こちらも2020年の改正点です。

問210　答え ×

当事者が期間満了の1年前から6カ月前までに「更新しない」という**通知を出さなかった場合には、従前の契約と同一の条件で更新したもの**とみなされます。ただ、期間だけは従前の契約と同一ではなく、**「期間の定めのないもの」**として扱われるのです。したがって、「期間3年」が誤りです。

問211　答え ○

定期建物賃貸借とは、マンスリーマンションのことです。当然、1期間を1カ月とすることもできます。

定期建物賃貸借契約の場合、「〇年以上でないといけない」というルールはありません。

問212 居住の用に供する建物（床面積 220㎡）の定期建物賃貸借契約においては、転勤、療養その他のやむを得ない事情により、賃借人が建物を自己の生活の本拠として使用することが困難となったときは、賃借人は同契約の有効な解約の申入れをすることができる。

答え

区分所有法

問213 専有部分が数人の共有に属するときは、規約で別段の定めをすることにより、共有者は、議決権を行使すべき者を2人まで定めることができる。

答え

問214 集会の招集の通知は、会日より少なくとも2週間前に発しなければならないが、この期間は規約で伸縮することができる。

答え

問215 管理者は、集会において、毎年2回一定の時期に、その事務に関する報告をしなければならない。

答え

問216 区分所有者及び議決権の各過半数を有する者は、管理者に対し、会議の目的たる事項を示して、集会の招集を請求することができる。ただし、この定数は、規約で減ずることができる。

答え

解説

問212 答え ×

居住の用に供する建物の定期建物賃貸借契約の場合、**床面積が200㎡未満のとき、やむを得ない事情があれば、解約の申入れをすることができます**。本問のように、床面積が220㎡の場合には、解約申入れをすることはできません。

問213 答え ×

1人を定めなければなりません。その部屋の代表として票を投じる人が複数いたら、「誰が代表者?」ということになってしまうため、2人定めることはできません。

問214 答え ×

2週間前ではなく、**1週間前**に発しなければなりません。

問215 答え ×

毎年1回一定の時期に、その事務に関する報告をしなければなりません。

問216 答え ×

管理者に対して集会の招集を請求できるのは、**区分所有者の5分の1以上で議決権の5分の1以上を有する者**です。過半数ではありません。ちなみに、定数は規約で減ずることができるという点は正しいです。

問217 集会において、管理者の選任を行う場合、規約に別段の定めがない限り、区分所有者及び議決権の各過半数で決する。

答え ☐

問218 規約の設定、変更又は廃止を行う場合は、区分所有者及び議決権の各過半数による集会の決議によってなされなければならない。

答え ☐

問219 共用部分の変更（その形状または効用の著しい変更を伴わないものを除く）は、区分所有者及び議決権の各過半数による集会の決議で決する。

答え ☐

問220 建替え決議は、区分所有者及び議決権の各4分の3以上の多数によって決する。

答え ☐

問221 区分所有者は、規約に別段の定めがない限り、区分所有者及び議決権の過半数の集会の決議によって管理者を選任することができるが、解任する場合には、区分所有者及び議決権の4分の3以上の多数による集会の決議で決しなければならない。

答え ☐

解説

問217　答え　○

管理者の選任・解任は、**区分所有者及び議決権の各過半数**にて行います。

問218　答え　×

過半数ではなく、**区分所有者及び議決権の各4分の3以上の多数による集会の決議が必要**です。

問219　答え　×

過半数ではなく、**区分所有者及び議決権の各4分の3以上の多数による集会の決議が必要**です。「重大な変更を伴わないものを除く」とは、重大な変更ということです。

問220　答え　×

建替え決議は、**区分所有者及び議決権の各5分の4以上の多数によって決します**。建て替えには、建築費用や取り壊し費用、工事期間中に住む家など様々な要素を考慮しなければなりません。そこで、5分の4以上という高い要件が定められています。

問221　答え　×

選任も解任も過半数です。

税金・価格評定

所得税（譲渡所得）

問222 租税特別措置法第36条の2の特定の居住用財産の買換えの場合の長期譲渡所得の課税の特例に関し、譲渡資産とされる家屋については、その譲渡に係る対価の額が5000万円以下であることが、適用要件とされている。

答え ☐

問223 特定の居住用財産の買換えの場合の長期譲渡所得の課税の特例に関し、買替資産とされる家屋については、その床面積のうち自己の居住の用に供する部分の床面積が、50㎡以上240㎡以下であることが、適用要件とされている。

答え ☐

登録免許税

問224 住宅用家屋の所有権の移転登記に係る登録免許税の税率の軽減措置の適用を受けるためには、その住宅用家屋の取得後6カ月以内に所有権の移転登記をしなければならない。

答え ☐

問225 この税率の軽減措置は、個人が自己の経営する会社の従業員の社宅として取得した住宅用家屋に係る所有権の移転の登記にも適用される。

答え ☐

解説

問222　答え　×

5000万円以下ではなく、1億円以下です。

買換えの特例を受けるには、譲渡資産（売った家）の対価の額が1億円以下である必要があります。あまりに高く売れて、1億円を超えるお金が手に入ったときには使えません。

問223　答え　×

要件は50㎡以上です。したがって、240㎡以下という記述が誤りです。

ちなみに、**不動産取得税においては50㎡以上240㎡以下という数字が出てきます**。知識を混同させないように整理していきましょう。

問224　答え　×

6カ月ではなく、**1年**です。

問225　答え　×

適用対象となる住宅用家屋は、**個人が取得した自己居住用の家屋で、その床面積が50㎡以上であるもの**です。

社宅は自己居住用ではないため、この場合には適用されません。

不動産取得税

問226 家屋が新築された日から3年を経過して、なお、当該家屋について最初の使用または譲渡が行われない場合においては、当該家屋が新築された日から3年を経過した日において家屋の取得がなされたものとみなし、不動産取得税を課する。

答え

問227 令和2年4月に取得した床面積 250㎡である新築住宅に係る不動産取得税の課税標準の算定については、当該新築住宅の価格から、1200万円が控除される。

答え

問228 宅地の取得に係る不動産取得税の課税標準は、当該取得が令和3年3月31日までに行われた場合、当該宅地の価格の6分の1の額とされる。

答え

問229 不動産取得税の課税標準となるべき額が、土地の取得にあっては 30万円、家屋の取得のうち建築に係るものにあっては1戸につき 20万円、その他のものにあっては1戸につき 12万円に満たない場合においては、不動産取得税が課されない。

答え

解説

問226 答え ×

3年ではなく、**1年**です。

問227 答え ×

課税標準から1200万円の控除が受けられるのは、**50㎡以上240㎡以下の住宅**です。250㎡の場合、控除を受けることはできません。そもそも250㎡の家を買えるくらいのお金があるなら、しっかりと税金を払ってもらいたいですからね。

問228 答え ×

6分の1ではなく、**2分の1**です。ちなみに、固定資産税の問題では6分の1という数字が出てきますので、混同しないようにしましょう。

問229 答え ×

不動産取得税の免税点は次のとおりです。

種類	課税標準
土地取得	**10万円**
建築によって家屋を取得 （大工さんに家を建ててもらった）	**23万円**
その他の原因による家屋の取得（売買等）	**12万円**

ちなみに、土地30万円・家屋20万円は固定資産税です。

固定資産税

問230 200㎡以下の住宅用地に対して課する固定資産税の課税標準は、価格の2分の1の額とする特例措置が講じられている。

答え

問231 市町村は、財政上その他特別の必要がある場合を除き、当該市町村の区域内において同一の者が所有する家屋に係る固定資産税の課税標準額が 20 万円未満の場合には課税できない。

答え

問232 固定資産税の標準税率は、1.6％であり、条例によってこれを超える税率を定めることも認められる。

答え

問233 新築された住宅に対して課される固定資産税については、新たに課されることとなった年度から4年度分に限り、6分の1相当額を固定資産税額から減額される。

答え

解説

問230　答え　×

「2分の1」ではなく、**「6分の1」**です。

　200㎡以下の住宅用地に対して課する固定資産税の課税標準は、6分の1とする特例措置があります。6000万円の土地であれば、1000万円と考えて税金を計算してくれるということです。

問231　答え　〇

　固定資産税の免税点は次のとおりです。

種類	課税標準
土地	**30万円**
家屋	**20万円**

問232　答え　×

1.4%が正しい記述です。

　なお、これはあくまでも標準税率なので、条例によって1.4%を超える税率を定めることもできます。

問233　答え　×

3年度分に限り、2分の1相当額が減額されます。

POINT
「3年半額！」
と覚えよう

4章

ひっかけ問題の要注意ポイント

① ひっかけ問題でよく見かける、「ひっかけあるある」ポイント

② 一度は見ておきたい「試験に出る要書類」

③ 理解していない人がよくいる！本当に間違いやすい用語集

① ひっかけ問題でよく見かける、「ひっかけあるある」ポイント

　宅建試験では、似たような制度との知識の混乱につけこんだひっかけパターンが数多く存在します。

　「どっちがどっちだったっけ!?」というような問題をあえて作り、知識の正確性が低い受験生をふるいにかけてくるのです。

　ここでは、そのような問題に負けないために、混乱しやすい項目を横断的に整理していきましょう。

① 土地と建物の混乱
→ 対策　What「なに」に注目

　土地と建物は、法律上まったくの別モノです。問題文を読む際は、土地についての話なのか、建物についての話なのか、これを明確にしたうえで文章を読んでいきましょう。

② 宅建業者と宅建士の混乱
→ 対策　Who「誰」に注目

　宅建業者と宅建士は、法律上別モノです。宅建業者には

242

土地と建物を意識しなければならない代表例

分野	科目	ポイント
権利関係	民法&借地借家法	売買契約が行われているのは土地か建物か
		抵当権が設定されているのは土地か建物か
		抵当権実行による明渡猶予制度は建物のみ
		土地についての賃貸借なのか、建物についての賃貸借なのか
法令上の制限	都市計画法	土地についての開発許可の話なのか、建物を建てる時の建築許可の話なのか
宅建業法	重説	対象物件が土地なのか、建物なのか
	報酬	土地は非課税

宅建業者と宅建士の違いを意識しなければならない代表例

- 宅建業者名簿の変更の届出と、宅建士登録簿の変更の登録
- 免許の欠格事由と、宅建士の登録欠格事由
- 重説を行うのは宅建士でなくてはならない
- 媒介契約書の作成は宅建業者が行う
- 宅建業者への処分なのか、宅建士への処分なのか

宅建業者のルール、宅建士には宅建士のルールがあります。中には共通したものもありますが、一致しない点もありますので、正確に押さえていきたいところです。

❸ 事務所と案内所

→ 対策 Where「どこ」に注目

こちらも宅建業法において出題される事項です。

事務所とは、主に本店と支店をいいます。 事務所と案内所は、宅建業法上別物となっています。「**案内所は事務所ではない**」というフレーズを覚えておきましょう。

事務所と案内所の違いを意識しなければならない代表例

・案内所を設置したとしても、免許換えは不要
・案内所を設置したとしても、営業保証金や弁済業務保証金分担金は不要
・事務所は従業員5人に対し専任の宅建士が1人以上必要、案内所は従業者の数に関係なく1人いればよい
・帳簿・従業者名簿・報酬額の掲示は案内所には不要

❹ 開発許可と国土法

同じような規定に見えてしまうため、数字の混同が起きやすい論点となっています。それぞれ表を載せておきますので、

国土法の届出が必要となる面積のエリア

市街化区域	2,000㎡以上
市街化調整区域 非線引き都市計画区域	5,000㎡以上
上記以外の区域	10,000㎡以上

都市計画法の開発許可が必要となるケースのエリア

		共通 例外	農系 例外	面積例外
都市計画区域	市街化区域	不要	**必要**	1,000㎡未満不要
	市街化調整区域	不要	不要	**必要**
	非線引き	不要	不要	3,000㎡未満不要
準都市計画区域		不要	不要	3,000㎡未満不要
その他の区域		不要	不要	10,000㎡未満不要

市街化区域（いち） → 1000（いち）　訓よみ！

非線引き 準都市　線が3本！

例外はこう覚えよう！

お手持ちのテキストと併せて意識して覚えておきましょう。

⑤ 連帯債務と連帯保証

民法において出題されます。

同じ「連帯」という言葉が入っているため、明確に区別できないまま問題を解いてしまっている方も少なくありません。

連帯債務は、カーシェアをするために自動車屋AからBCが1台の車を買った、と想像してください。BCは2人とも債務者であるため、2人ともが代金債務を負っています。

一方の連帯保証は、債権者AからBが借金をするにあたって、Cに連帯保証人になってもらった、ということです。

CはAからお金を受け取っておらず、Aからお金を借りてそのお金を使うのはB1人です。

となれば、当たり前ですが、借金はBが返すのがスジですよね。この点が連帯債務とは決定的に違うところです。

つまり、**連帯債務は全員が払わなければならない**。

連帯保証は、主たる債務者が払うのがスジということです。

⑥ 無効と取消し

民法において出題されます。

頻度としてそこまで多いわけではありませんが、明確に区別できていない受験生が多い項目です。

レストランの予約を思い浮かべてみましょう。

取消しは、契約のキャンセルのことです。予約自体は成立していたのですが、取消しによってなかったことになります。

一方の**無効は、そもそもはじめからレストランの予約が成立していません**。はじめから、席の確保はできていない状態と考えることができます。このように最初からなんの効力も発生しないことを無効といいます。

ちなみに、無効ははじめから成立していないため、取り消すことはできません。はじめから存在していないものですから、それを取り消すということは概念としてあり得ないのです。

7 解除

解除は簡単に表現すると、**キャンセルのこと**です。

民法においては「どのような原因に基づいて解除されたのか」ということに注意しなければなりません。**解除原因によって、ルールが異なってくる**からです。

解除原因の違いを意識しなければならないケース

- 手付による解除なのか債務不履行に基づく解除なのか
- 賃貸借契約において、債務不履行解除なのか合意解除なのか

私が講義で説明する例をひとつあげておきます。

　「札幌に行く」と一言で言っても、いろいろなルートがあります。飛行機で行く、新幹線で行く、船で行く。それぞれ重きを置くポイントが違いますよね。

　これと同じように、「解除」と一言で言っても、いろいろなルートがあるのです。手付による解除なのか、債務不履行による解除なのか。ルートによって、論点となることはもちろん変わります。

　解除という着地点だけを見てはいけません。特に**解除は原因によって論点が変わります**。

　その点を意識して学習していくと、混乱が少なくなっていきますよ。

② 一度は見ておきたい 「試験に出る要書類」

　手続上のルールについては、イメージしづらいこともあり、あまり理解が進まない方も多いでしょう。

　ですから、ここで実物を見て勉強しましょう。

　ここでは、行政書士としても活動している私が、実際に実務で使用する書類等をご紹介していきます。

❶ 免許申請書

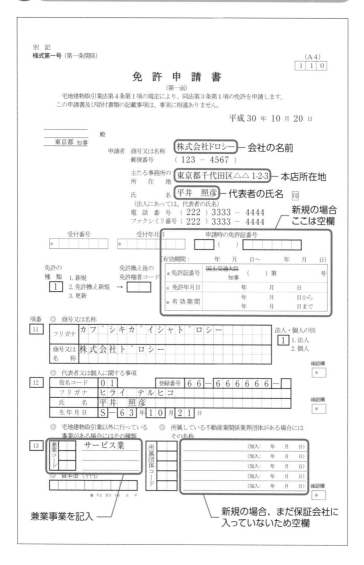

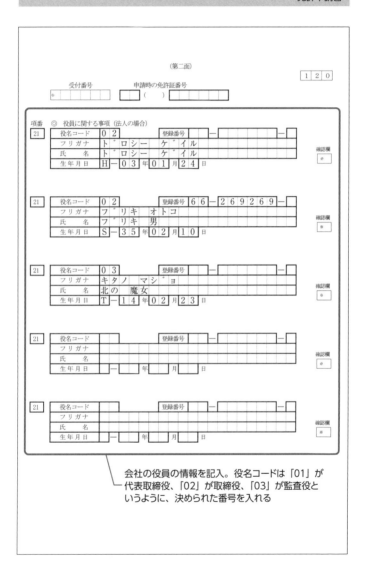

免許申請書

(第二面)

| 1 | 2 | 0 |

受付番号　　　　申請時の免許証番号

項番　◎　役員に関する事項（法人の場合）

21
役名コード	0 2	登録番号		—			—	
フリガナ	ト゛ロシー　ケイル
氏　名	ト゛ロシー　ケイル
生年月日	H — 0 3 年 0 1 月 2 4 日

確認欄

21
役名コード	0 2	登録番号	6 6 — 2 6 9 2 6 9 —
フリガナ	フ゛リキ　オトコ
氏　名	フ゛リキ　男
生年月日	S — 3 5 年 0 2 月 1 0 日

確認欄

21
役名コード	0 3	登録番号	
フリガナ	キタノ　マシ゛ョ
氏　名	北の　魔女
生年月日	T — 1 4 年 0 2 月 2 3 日

確認欄

21
役名コード		登録番号	
フリガナ	
氏　名	
生年月日	— 年 月 日

確認欄

21
役名コード		登録番号	
フリガナ	
氏　名	
生年月日	— 年 月 日

確認欄

会社の役員の情報を記入。役名コードは「01」が
代表取締役、「02」が取締役、「03」が監査役と
いうように、決められた番号を入れる

免許申請書

(第三面)

1 3 0

受付番号　　　　申請時の免許証番号

※ □□□□□□　□□□ （ □ ） □□□□□

項番			
30	事務所の別	1	1.主たる事務所　2.従たる事務所

※ 事務所コード □□□

事務所の名称　**本店**

- - - → 今回は本店のみという設定なので1カ所のみ - - -

◎　事務所に関する事項

31			
	郵 便 番 号	1 2 3 ― 4 5 6 7

所在地市区町村コード 6 6 6 1 7　東京 都道府県 千代田 市郡区　　　　区町村

所 在 地　△△△ 1 - 2 - 3

電 話 番 号　2 2 2 - 3 3 3 3 - 4 4 4 4　　確認欄 ※

従事する者の数　　4 ← 人数を記入（専任の宅建士の数に関係するため）

◎　政令第2条の2で定める使用人に関する事項

32	登 録 番 号	□□ ― □□□□□□ ― □
	フ リ ガ ナ	
	氏 　 名	
	生 年 月 日	□ ― □□ 年 □□ 月 □□ 日

確認欄 ※

← 代表者が宅建士の場合、
空欄でよい

◎　専任の宅地建物取引士に関する事項

41	登 録 番 号	6 6 ― 6 6 6 6 6 6 ― □
	フ リ ガ ナ	ヒライ　テルヒコ
	氏 　 名	平井　照彦
	生 年 月 日	S ― 6 3 年 1 0 月 2 1 日

確認欄 ※

41	登 録 番 号	6 6 ― 2 6 9 2 6 9 ― □
	フ リ ガ ナ	ブリキ　オトコ
	氏 　 名	ブリキ　男
	生 年 月 日	S ― 3 5 年 2 月 1 0 日

確認欄 ※

41	登 録 番 号	□□ ― □□□□□□ ― □
	フ リ ガ ナ	
	氏 　 名	
	生 年 月 日	□ ― □□ 年 □□ 月 □□ 日

確認欄 ※

← 専任の宅建士を記入

② 変更届出書

　宅建業者名簿の登載事項に変更があった場合、変更の届出をしなければなりません。その際に使うのが、この変更届出書です。

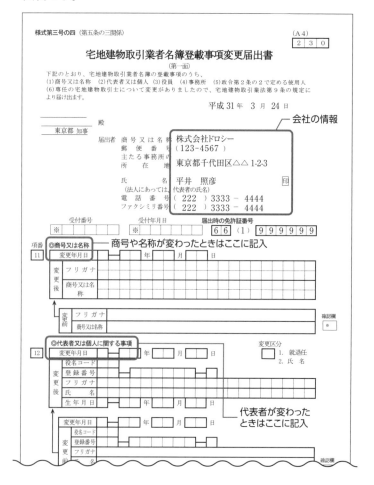

様式第三号の四（第五条の三関係）　　　　　　　　　　　　　　　(A4)
　　　　　　　　　　　　　　　　　　　　　　　　　　　　　　2　3　0

宅地建物取引業者名簿登載事項変更届出書
（第一面）

下記のとおり、宅地建物取引業者名簿の登載事項のうち、
(1)商号又は名称　(2)代表者又は個人　(3)役員　(4)事務所　(5)政令第2条の2で定める使用人
(6)専任の宅地建物取引士について変更がありましたので、宅地建物取引業法第9条の規定により届け出ます。

平成 31 年　3 月 24 日

東京都 知事　殿

届出者　商号又は名称　**株式会社ドロシー**
　　　　郵　便　番　号　（ **123-4567** ）
　　　　主たる事務所の
　　　　所　在　地　　　**東京都千代田区△△ 1-2-3**

　　　　氏　　　　　名　　**平井　照彦**　　　　　印
　　　　（法人にあっては、代表者の氏名）
　　　　電　話　番　号　（ **222** ）**3333** － **4444**
　　　　ファクシミリ番号（ **222** ）**3333** － **4444**

— 会社の情報

|受付番号|受付年月日|届出時の免許証番号|
|※|※|6 6 (1) 9 9 9 9 9 9|

項番
11　◎**商号又は名称**　← 商号や名称が変わったときはここに記入

	変更年月日		年		月		日	
変更後	フリガナ							
	商号又は名称							

|変更前|フリガナ| | 確認欄 ※ |
| |商号又は名称| | |

12　◎**代表者又は個人に関する事項**　　　　　　　　変更区分
| | 変更年月日 | | 年 | | 月 | | 日 | □ 1.就退任 |
| | | | | | | | | 　　2.氏　名 |

	役名コード							
変更後	登録番号							
	フリガナ							
	氏　名							
	生年月日		年		月		日	

代表者が変わった
ときはここに記入

変更年月日		年		月		日
変更前	役名コード					
	登録番号					
	フリガナ					

確認欄 ※

変更届出書

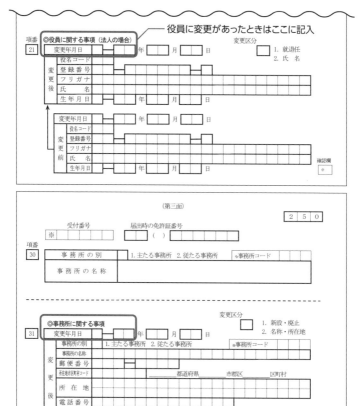

役員に変更があったときはここに記入

項番
21
◎役員に関する事項（法人の場合）

変更年月日　　　年　　　月　　　日

変更区分
1. 就退任
2. 氏　名

変更後
役名コード
登録番号
フリガナ
氏　名
生年月日　　　年　　　月　　　日

変更前
変更年月日　　　年　　　月　　　日
役名コード
登録番号
フリガナ
氏　名
生年月日　　　年　　　月　　　日
確認欄

（第三面）

2 5 0

受付番号
※

届出時の免許証番号
（　　）

項番
30
事務所の別　1.主たる事務所　2.従たる事務所　※事務所コード

事務所の名称

◎事務所に関する事項

項番
31
変更年月日　　　年　　　月　　　日

変更区分
1. 新設・廃止
2. 名称・所在地

変更後
事務所の別　1.主たる事務所　2.従たる事務所　※事務所コード
事務所の名称
郵便番号
所在地都道府県市郡町村コード　　　　都道府県　　　市郡区　　　区町村
所在地
電話番号
従事する者の数

変更前
変更年月日　　　年　　　月　　　日
事務所の名称
所在地
確認欄

「事務所の名称及び所在地」も、宅建業者名簿の登載事項
です。したがって、たとえば支店を増やした場合には、変更
の届出をしなければなりません。

253

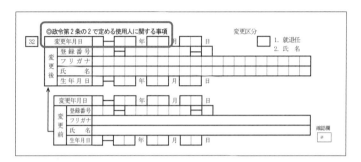

　政令で定める使用人とは、その事務所で一番偉い人、要するに支店長のことです。支店長の名前も宅建業者名簿の登載事項のため、変更があれば届出が必要です。

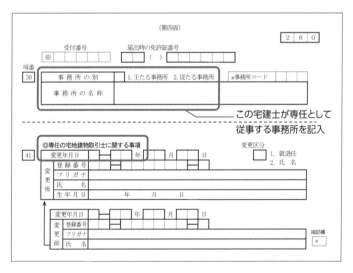

　専任の宅建士が退職したり、新しく雇った場合には、変更の届出が必要です。

③ 変更登録申請書

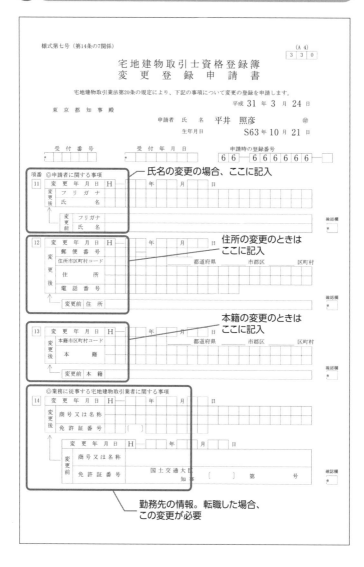

様式第七号（第14条の7関係）

(A 4)
3 0

宅地建物取引士資格登録簿
変更登録申請書

宅地建物取引業法第20条の規定により、下記の事項について変更の登録を申請します。

平成 31 年 3 月 24 日

東京都知事殿

申請者 氏 名　平井 照彦　　㊞

生年月日　　S63 年 10 月 21 日

| 受 付 番 号 | 受 付 年 月 日 | 申請時の登録番号 6 6 — 6 6 6 6 6 6 — |

項番　◎申請者に関する事項 　　　——氏名の変更の場合、ここに記入

11	変 更 年 月 日	H— 年 月 日
変更後	フ リ ガ ナ
	氏 名

| | 変更前 | フリガナ |
| | | 氏 名 |

確認欄 *

12	変 更 年 月 日	H— 年 月 日	住所の変更のときは ここに記入
変更後	郵 便 番 号
	住所市区町村コード	都道府県 市郡区 区町村
	住 所
	電 話 番 号

| | 変更前 住 所 |

確認欄 *

13	変 更 年 月 日	H— 年 月 日	本籍の変更のときは ここに記入
本籍市区町村コード	都道府県 市郡区 区町村
変更後	本 籍

| | 変更前 本 籍 |

確認欄 *

◎業務に従事する宅地建物取引業者に関する事項

14	変 更 年 月 日	H— 年 月 日
変更後	商 号 又 は 名 称
	免 許 証 番 号	[ ]

	変 更 年 月 日	H— 年 月 日
変更前	商 号 又 は 名 称
	免 許 証 番 号	国土交通大臣 知事 [ ] 第 号

確認欄 *

　　　——勤務先の情報。転職した場合、
　　　この変更が必要

登記簿謄本は表題部と権利部に分かれていて、さらに権利部は甲区と乙区に別れています。

対抗関係で問題となる「先に登記を備えたほうが勝つ」というのは、甲区に先に名前を入れる、ということです。

乙区には抵当権など、所有権以外の権利に関する事項が登記されます。意外に細かい情報が載るんですよ。

表 題 部 （土地の表示）			調製	余白			不動産番号	0000000000000
地図番号	余白		筆界特定	余白				
所 在	特別区南都町一丁目					余白		
① 地 番		②地 目	③ 地 積 ㎡			原因及びその日付〔登記の日付〕		
101番		宅地		300：00		不詳〔平成20年10月14日〕		
所 有 者	特別区南都町一丁目1番1号 甲 野 太 郎							

権 利 部 （甲 区）	（所 有 権 に 関 す る 事 項）		
順位番号	登 記 の 目 的	受付月日・受付番号	権 利 者 そ の 他 の 事 項
1	所有権保存	平成20年10月15日第637号	所有者 特別区南都町一丁目1番1号甲 野 太 郎
2	所有権移転	平成20年10月27日第718号	原因 平成20年10月26日売買所有者 特別区南都町一丁目5番5号法 務 五 郎

権 利 部 （乙 区）	（所 有 権 以 外 の 権 利 に 関 す る 事 項）		
順位番号	登 記 の 目 的	受付月日・受付番号	権 利 者 そ の 他 の 事 項
1	抵当権設定	平成20年11月12日第807号	原因 平成20年11月4日金銭消費貸借同日設定債権額 金4,000万円利息 年2・60％（年365日日割計算）損害金 年14・5％（年365日日割計算）債務者 特別区南都町一丁目5番5号法 務 五 郎抵当権者 特別区北都町三丁目3番3号株 式 会 社 南 北 銀 行（取扱店 南都支店）共同担保 目録（あ）第2340号

共 同 担 保 目 録				
記号及び番号	(あ)第2340号		調製	平成20年11月12日

⑤　媒介契約書

　売買・交換の媒介契約を締結した場合、遅滞なく依頼者に交付しなければなりません。お手持ちのテキストを参照しながら見ると、より効果的ですよ。

一般媒介契約書

この媒介契約は、国土交通省が定めた標準媒介契約約款に基づく契約です。		
依頼の内容	□ 売却　□ 購入　□ 交換	

この契約は、次の3つの契約型式のうち、一般媒介契約型式です。
- ●専属専任媒介契約型式
　依頼者は、目的物件の売買又は交換の媒介又は代理を、当社以外の宅地建物取引業者に重ねて依頼することができません。依頼者は、自ら発見した相手方と売買又は交換の契約を締結することができません。
　当社は、目的物件を国土交通大臣が指定した指定流通機構に登録します。
- ●専任媒介契約型式
　依頼者は、目的物件の売買又は交換の媒介又は代理を、当社以外の宅地建物取引業者に重ねて依頼することができません。依頼者は、自ら発見した相手方と売買又は交換の契約を締結することができます。
　当社は、目的物件を国土交通大臣が指定した指定流通機構に登録します。
- ●一般媒介契約型式
　依頼者は、目的物件の売買又は交換の媒介又は代理を、当社以外の宅地建物取引業者に重ねて依頼することができます。依頼者は、自ら発見した相手方と売買又は交換の契約を締結することができます。

　依頼者甲は、この契約書及び一般媒介契約約款により、別表に表示する不動産（目的物件）に関する売買（交換）の媒介を宅地建物取引業者乙に依頼し、乙はこれを承諾します。

平成　　　年　　　月　　　日

甲：依頼者	住　所	
	氏　名	印
乙：宅地建物取引業者	商号（名称）	商号
	代表者氏名	代表者氏名　　　印
	主たる事務所の所在地	
	免許証番号	免許情報　　（　　）第　　　号

1 依頼する乙以外の宅地建物取引業者

商号又は名称	
主たる事務所の所在地	

2 甲の通知義務
① 甲は、この媒介契約の有効期間内に1に表示する宅地建物取引業者以外の宅地建物取引業者に重ねて目的物件の売買又は交換の媒介又は代理を依頼しようとする時は、乙に対して、その旨を通知する義務を負います。
② 甲は、この媒介契約の有効期間内に、自ら発見した相手方と売買若しくは交換の契約を締結した時、又は乙以外の宅地建物取引業者の媒介若しくは代理によって売買若しくは交換の契約を締結させた時は、乙に対して、遅滞なくその旨を通知する義務を負います。
③ ①及び②の通知を怠った場合には、乙は、一般媒介契約約款の定めにより、甲に対して、費用の償還を請求することができます。

3 媒介に係る乙の業務
乙は、契約の相手方との契約条件の調整等を行い、契約の成立に向けて努力するとともに、次の業務を行います。
(1) 乙は、甲に対し、目的物件を売買すべき価額又は評価額について意見を述べる時は、その根拠を明らかにして説明を行います
(2) 甲が乙に目的物件の購入又は取得を依頼した場合にあっては、乙は、甲に対し、目的物件の売買又は交換の契約が成立するまでの間に、取引士をして、宅地建物取引業法第35条に定める重要事項について、取引士が記名押印した書面を交付して説明させます
(3) 乙は、目的物件の売買又は交換の契約が成立した時は、甲及び甲の相手方に対し、遅滞なく、宅

257

理解していない人が よくいる! 本当に間違い やすい用語集

1 免許の欠格事由と免許の取消事由

　宅建業法において、**欠格事由**と**取消事由**の違いを理解できていない方も多いのではないでしょうか。

　この２つの概念は免許の欠格事由のところで、やや細かい論点として出題される傾向にあります。

　どちらもマイナスイメージであるため、「なんとなく悪い」と片付けてしまいがちですが、宅建試験は法律系の国家試験ですから、違いを正確に押さえましょう。

　この２つは一言で表現するならば、**場面が違います**。

　想像してみてください。

　ある人が、これから好きな人に告白をしようとしています。そのときに、告白する相手が**「私、こんな人とは付き合わないから。告白されても断る」とあらかじめ条件を決めていた**としましょう。

　これが**欠格事由**です。例えば、「浮気したことがある人」「金遣いが荒い人」「暴力ふるう人」などでしょうか。

　これらに該当している場合、**告白してもオッケー**はもらえ

欠格事由

条件が当てはまっていたら、
告白してもふられてしまう

取消事由

付き合っていてもある条件により
ふられてしまう（欠格事由と重
なっているときはヨリも戻せない）

ません。却下されてしまいます。

　一方、取消事由とは、**今現在付き合っている状態**です。
ただ、**相手から「こんなことしたら別れるからね」と言われ
ています。これが取消事由**です。

　もちろん、「浮気したら別れる」というように、**欠格事由と
共通した事柄も存在**します。その場合にはつまり、「フラれて
しまうし、ヨリを戻すこともできない」ということを意味します。

　ただ、なかには「フラれてしまうものの、状況を変えれば
すぐにヨリを戻せるもの」も存在するのです。つまり、**取消
事由ではあるが、欠格事由には該当しないというケースが
存在する**のです。

　このように考えると、この２つは明確に場面が違うというこ
とをおわかりいただけると思います。

この違いを頭に入れて、今一度、お手持ちのテキストや問題集で確認してみてください。

② 債務

債務とは、「〇〇しなければならない」という契約上の義務のことです。

シンプルに**「義務」と読み替えてしまってかまいません**。

債務と聞くと、お金を払うという場面をイメージする方が多いと思います。それも間違いではないのですが、**債務はお金を払う場面には限られません**。

例えば、売主は売った商品を引き渡さなければなりません。これも、債務なのです。

③ 弁済

義務を果たすことを、弁済といいます。

試験対策としては「お金を払う」と考えてしまってかまいません。ただ、お金を払うという場面に限定されるわけではないので、その点だけ気をつけて下さい。

例えば、私は普段資格予備校で講義をしているのですが、これは弁済と考えることができます。

というのも、私は予備校が決めた時間に教室で講義をする、という義務を負っています。その義務を果たしているわけですから、弁済なのです。

4 損害賠償

損害賠償と聞くと、「訴えてやる！」といった感じで、相手からお金をぶんどるというイメージが浮かびますよね。

ただ、あくまで**学問上の損害賠償は、「自分が受けた損害を相手に賠償させる」ということ**です。

もっとシンプルに表現するなら、**「マイナスをゼロに戻すために相手に弁償させる」**のが損害賠償ということです。

「ムカつくからとにかくお金を請求したい」という話ではないです。

5 抵当権の効力が及ぶ

この言葉がなにを意味するのかを説明できる方は少ないのではないでしょうか。

これはズバリ**「競売にかけていい」ということ**です。

例えば、「抵当権設定時に存在した従物には、抵当権の効力が及ぶ」というフレーズがあります。つまり、**抵当権設定時に存在した従物は、競売にかけていい」**ということなのです。

従物の例としては、建物の中に存在するドアがわかりやすいでしょう。

建物に抵当権が設定された時に、建物の中に存在したドアは、建物と一緒に競売にかけていいのです。

考えてみればわかると思いますが、仮に、ドアを競売にか

けてはいけないと言われたら、出品前にドアをすべて取り除かなければならなくなります。これでは誰も得をしません。

　その建物の所有者からしてみれば、もう建物は出品されてしまうわけですから、ドアだけ残ってもどうしようもないですよね。さらに、落札者からしても、ドアはつけてくれていたほうがありがたいもの。ですから、この場合には一緒に競売にかけていいということになっているのです。

6　開発行為

　開発行為とは、主として建築物の建築又は特定工作物の建設の用に供する目的で行う土地の区画形質の変更です。
「建築物などを建てるために行う土木工事」が開発行為です。

　特定工作物は第一種特定工作物と第二種特定工作物がありますが、問題を解く上ではあまり意識する必要はありません。

　面積に関係なく特定工作物に該当するのが、コンクリートプラント、アスファルトプラント、ゴルフコースです。開発の規模に関係なく、これらのために行う土地の工事は開発行為となります。

　注意が必要となるのが、野球場・庭球場・遊園地・墓園です。これらは、規模が 1 ha 以上、つまり 10,000㎡以上であれば、特定工作物に該当します。

　面積によって特定工作物にあたるかどうかが変わりますので、たとえば、12,000㎡の野球場は特定工作物に該当し、そのために行う土地の工事は、開発行為となります。

7 債権譲渡、賃借権の譲渡、所有権の譲渡

　民法において出てくる用語です。実はこの3つ、すべて同じ意味なのです。

　譲渡とは、人が変わることをいいます。

　例文を使って考えていきましょう。

> 例　　A所有の建物を、Bに譲渡した

　所有者が、AからBに変わっています。

> 例　　Aが、Cに対する債権をBに譲渡した

　債権者が、AからBに変わっています。

> 例　　賃借人Aが、賃貸人Cの承諾を得て、
> 　　　賃借権をBに譲渡した

　賃借人が、AからBに変わっています。

　いかがでしょうか。すべて共通して、人が変わっていますよね。

　このように考えると、債権譲渡や賃借権の譲渡も読みやすくなると思います。

装　　丁	田代保友
本文デザイン・DTP	桜井勝志
図版作成	桜井勝志
編　　集	飯田健之
編集協力	松山　久
	市川知佳

宅建「ひっかけ問題」完全攻略
民法改正対応2023年版
ラクラク受かった人の勉強法+問題集

2023年6月7日　第1版第1刷

著　者	平井照彦　宇都木雪那
発行者	伊藤岳人
発行所	株式会社廣済堂出版
	〒101-0052　東京都千代田区神田小川町2-3-13
	M&Cビル7F
	電話03-6703-0964（編集）　03-6703-0962（販売）
	Fax 03-6703-0963（販売）
	振替00180-0-164137
	https://www.kosaido-pub.co.jp/
印刷所 製本所	精文堂印刷株式会社

ISBN 978-4-331-52393-3　C3030

©2023　Teruhiko Hirai & Yukina Utsugi　Printed in Japan
定価は、カバーに表示してあります。落丁・乱丁本はお取替えいたします。